UNDERSTANDING
THE PROFOUND SHIFTS UNSEEN IN A CENTURY

理解
"百年未有
之大变局"

于洪君　主编

人民出版社

出版说明

当今世界正经历新一轮大发展大变革大调整，大国之间的战略博弈全面加剧，国际体系和国际秩序深度调整，人类发展面临的新机遇新挑战层出不穷，不确定不稳定因素显著增多，尤其是新冠肺炎疫情的冲击，给世界带来了更大的不确定性。中国与世界的联系更为紧密，互动更为频繁。习近平总书记指出，当前中国处于近代以来最好的发展时期，世界处于百年未有之大变局，两者同步交织、相互激荡。这是对当今时代形势作出的一个重大战略判断。如何理解当今世界处于"百年未有之大变局"？广大党员干部在大变局中应该怎么做？这是需要我们认真思考的问题。为此，人民出版社邀请中共中央对外联络部原副部长于洪君担任主编，将傅莹、阎学通、贾庆国、蔡拓、庞中英、朱云汉、朱锋、王义桅等撰写或访谈文章，汇编成书，以飨读者。

人民出版社

2020 年 6 月

目　录

篇一　什么是"百年未有之大变局"

1

篇二　如何应对"百年未有之大变局"

前言：世界持续大变　中国走向大治

于洪君

常言道：一切既往，皆为序章！

2019 年已成既往，2020 年序幕拉开。我们所生活的这个世界，无论政治秩序还是经贸关系，无论力量对比还是安全架构，目前正处于前所未有的剧烈变动之中。世界面临百年未有之大变局这一重大判断的客观性和准确性，得到进一步验证。人类社会大发展大变革大调整的深刻性和广泛性，得到进一步体现。

这种史无前例的历史性大变动，不仅表现为世界战略格局反复重组、地缘政治博弈更加激烈、新兴经济体群体性崛起，同时也表现为国际权力中心加速位移、全球治理体系严重破损、国际关系理论的混乱与世界经贸秩序的失常。

我们所编撰的这部文集，以《理解"百年未有之大变局"》为题，目的就是要梳理当今世界面临的各种矛盾和冲突，辨别人类社会未来发展的各种机遇和挑战，厘清我们这个伟大民族当前所处的历史方位，明确我国日益走近世界舞台中央的前进方向，以及我们应对世界百年大变局所要承担的国际责任与使命。

我们真诚期望，本书作者对百年未有之大变局这一重大战略判断的粗浅认识和初步思考，特别是对当前国际形势发展变化的分析和解读，能够引发更加深入的理论研究和学术探讨，能够使我们更好地服务于新时代中国特色大国外交的理论创新与实践需要。

（一）从国际政治与大国关系层面看，当今世界的信任赤字与诚信匮乏比以往任何时候都更加突出

世界性大国的发展态势及其相互关系，在很大程度上决定着整个国际关系的阴晴冷暖，决定着世界格局的变革方向，决定人类进步的未来走势。综合比较各大国 2019 年的内外情势和 2020 年的发展动向，不难看出：

中国奋斗目标非常明确，内外政策相得益彰。坚持打开国门搞建设的基本国策不动摇，坚持以不断扩大开放应对世界百年未有之大变局，与外部世界的良性互动持续走强。中华民族在实现"两个一百年"奋斗目标的道路上攻坚克难，砥砺前行，开创出政通人和、国泰民安、势冠全球的新局面。国际舆论都认为，中国和平崛起势必成为世界百年未有之大变局中的最大良性变量。

俄罗斯政局总体稳定，社会相对安宁，族际关系持续向好。虽然经济发展受多种因素影响而差强人意，但普京总统新年伊始提出宪法改革新构想，得到议会一致认可。原政府配合此举宣布总辞职，新政府顺利组成并很快投入运转。即将举行的修宪公决如获成功，俄罗斯有望相对平稳地应对即将到来的政治过渡与政体改革。

欧盟与美国却是另一番景象。欧盟内外问题堆积如山，离心倾向有增无已，推进欧洲一体化的能力严重削弱。英国脱欧不成又非脱不可，首相被迫易人且不得不提前大选，社会裂痕加深导致苏格兰脱英运动东山再起。据悉，英国脱欧后将把美国作为自贸谈判第一伙伴，而不是首选欧盟。果然如此，没有英国的欧盟与退出欧盟的英国将充满变数。

作为世界唯一超级大国的美国，综合实力与国际影响力进入下行通道已是不争之事。特朗普"推特治国"非但未能让美国"重新伟大"，反而严重撕裂美国社会，导致两党恶斗不断升级，政治极化登峰造极。在国际事务中，美国接连不断地退群毁约，动辄对别国挥舞制裁大棒，实施长臂管辖，使用武力或以武力相威胁，严重破坏了现行国际秩序与国际关系准则。

正是由于美国因素的消极影响，国际关系中的负能量加速积聚，大国间价值观体系互不相容、地缘战略利益相互冲突，几乎发展到无以复加的危险地步。因此，2019 年，均衡稳定协调发展的大国关系框架依然没有形成。美国与欧洲因"乌克兰危机"

而发动的对俄制裁，丝毫没有松动。虽然欧盟对俄政策与美国小有区别，但美欧作为统一营垒共同对付俄罗斯的战略同盟关系，未见明显改变。

2019 年的中美关系跌宕起伏，冲突不断，裂痕加深。虽然新年之初，两国领导人相互表达了维持正常国家关系的意愿，但美国副总统彭斯随后便在美国驻外使节会上猛攻中国，污称中方经常无视国际法与国际规范，声言美方不再视而不见，不会听之任之，摆出对华"新冷战"的强硬架式。此后一年，美方不断加大对华贸易摩擦规模，接连宣布对中国输美产品加征关税，加税商品的价值总额高达 2500 亿美元。与此同时，美国继续对华为、中兴等中方企业进行打压和制裁，直至开展刑事调查，并对两国人文交流与科技合作进行野蛮限制，致使中美关系受到全方位的严重伤害。此外，美国还在南海、台湾、香港等问题上挑战中方核心利益和安全底线。中美关系呈现出两国建交以来从未有过的严峻局面。

有鉴于此，2019 年 12 月，习近平主席在会见俄罗斯客人时坚定地表示：美国等西方国家加大干涉中俄内部事务，威胁两国主权安全，阻碍两国经济社会发展。中俄两国要加强战略安全沟通，增进战略互信，维护好各自核心利益和两国共同安全，维护地区及世界和平稳定。在与美国总统特朗普通电话时，他毫不客气，一针见血地批评美国干涉中国内政，警告美国不要伤害中美关系。在大国关系问题上，中国领导人如此鲜明地表达严正立场，意味深长，影响深远。

（二）从经济发展和贸易投资等方面看，全球经济增长动能不足和经贸关系扭曲问题严重困扰着国际社会

2008 年起始于欧美发达国家的国际金融危机，对世界经济贸易的灾难性影响巨大而深远，至今阴影长存，挥之不退。

国际权威机构曾经预测，2019 年的全球经济增幅，可能不是年初预测的 3.7%，最终可能是 3%；全球外贸增长幅度，也不是年初估计的 3.7%，可能只有 2.6%。全球投资总额，2018 年比 2017 年下降 23%，2019 年估计要比 2018 年下降 19%。

实际情况是，联合国《2020 年世界经济形势与展望》报告显示的结果更为严峻：2019 年全球经济增长降至 2.3%，为 2008 年全球金融危机以来最低水平。其中，美国经济增幅为 2.2%，欧盟只有 1.4%。原来普遍看好的印度，实际增长只有 5.7%。全球贸易增幅仅有区区 0.3%，简直微不足道！

2019 年中国继续推动"一带一路"框架下的国际合作，取得重要成果，拉动许多发展中国家经济增长。但美国作为全球最大经济体，在全球范围内发动和扩大贸易摩擦，为世界经济发展和贸易投资带来很大负能量。美国的国债总量，创下 22 万亿美元新高，远超其 GDP 总量 20 万亿美元的水平，世界为之震惊。

在此背景下，中俄两国和许多国家一道，出于多种考虑，开始抛售美债。据统计，到 2019 年底，中国抛售的美债总额已达 1000 多亿美元，超过德国持有的美债总额。日本取代中国成为美债最大持有国。美联储为刺激本国经济增长，防止出现大规模经济衰退，不得不连续降息。受此影响，数十个国家陆续跟进，全球性货币宽松政策时代似已开启，新一轮流动性泛滥可能呼啸而来。

受国际大环境影响，俄罗斯、印度、巴西等新兴市场国家的经济运行状况，也都没有原来估计的那么出色。世界性经济增长乏力，仍然是不争的事实。中国经济受自身结构调整、中美贸易战加剧、全球经济增长动能不足等因素影响，2019 年的 GDP 增幅仅为 6.1%，但对外贸易仍逆势增长，整个国民经济稳中有进势头依旧。

从全球经济力量消长的大视角出发，虽然 2019 年中国经济增幅为几十年来最低，但 GDP 总量突破 14 万亿美元，人均达到 1 万美元，意义巨大而深远。日本经济虽未摆脱整体低迷，但 GDP 总量超过 5 万亿美元，仍是世界上举足轻重的经济体。作为重要新兴经济体的韩国，GDP 总量首次超过加拿大，人均水平超越意大利。中日韩三国合计，经济总量超过美国。中日韩经济合作步伐加大，超过北美自贸区已指日可待。

值得注意的是，2019 年印度的经济增长虽然不尽如人意，但其 GDP 总量已经突破 2 万亿美元，超越了英法两国，跻身于世界前五名，潜能亦不可低估。也许正是有了如此"底气"，印度突然宣布，它不再参与东盟与中日韩以及澳新印共十六国联合推进的区域全面经济伙伴关系（RCEP）谈判，为即将形成的世界上最大的自由贸易区建设投下了阴影。

令人欣慰的是，举世瞩目的中美贸易谈判，在新年钟声敲响之前达成初步协议，形成了第一阶段谈判成果。双方在新年开始后不久正式签署的这份文件，或许会对 2020 年的中美关系走势产生某种积极影响，并对全球经济与贸易关系的改善提供良好的范例。

当然，中美两国签署这份异常复杂的经贸文件，并不意味着双方的结构性矛盾就此终结。就在中美贸易协定签署的前一天，美欧日三方发表共同声明，要求 WTO 对政府补贴实行更加严格的限制。显而易见，这是美国联手欧日，试图打造对付中国的世界经贸新秩序的重要举措。国际贸易争端长期化扩大化复杂化，中美下一轮贸易谈判更加曲折和艰难，在所难免。

（三）从地区热点与国别安全角度看，新老问题相互交织与社会冲突此起彼伏成为当前国际社会新常态

2019 年，长期困扰国际社会的两大地区热点问题，即西亚北非大动乱与朝鲜半岛核问题，都没有得到真正解决，反而变得更加复杂。

朝鲜半岛局势看起来持续缓和，但朝核问题没有突破性进展。朝美两国领导人在越南河内举行的第二次高峰会晤，竟以一无所获而告终，令国际社会大失所望。由于美国推动的对朝制裁丝毫没有软化，朝鲜声称有可能做出新的选择，甚至表示要展示新的"战略武器"。朝美关系，特别是朝核问题，面临停滞倒退的现实危险。年末岁尾，朝方有节制地试射了导弹等重要武器，实际上是在测试美方反应。美朝双方重新开始相互叫板，彼此进行战争恐吓。

在西亚北非即通常所说的中东地区，历史形成的民族宗教矛盾、领土主权争端与现实的社会分裂、大国地缘政治博弈相互交织，整个地区越来越像已被点燃的火药桶。

埃及、阿尔及利亚等国政局依然不稳。叙利亚、也门的战事久拖不决。阿富汗、伊拉克、利比亚的分裂状态持续深化。以色列与巴勒斯坦和伊朗、伊朗与沙特和土耳其、卡塔尔与沙特以及土耳其与叙利亚等矛盾冲突盘根错节，犬牙交错。伊斯兰国作为有组织的恐怖力量已被打散，但能量依在，形形色色的恐怖活动，已从该地区外溢到世界各地。中东地区成了名副其实的世界最大的恐怖主义策源地。

俄美两国在该地区的角逐与博弈高潮迭起，令人眼花缭乱。俄罗斯继续全面挺叙，力度不减，同时不断加大与伊朗、土耳其的多领域合作。美国的军事存在时收时放，政策走向使人捉摸不透。美国对伊朗的经济制裁不断加码，同时辅以军事恫吓和威胁。危难深重的伊朗以封锁霍尔木兹海峡相回应，海湾地区战云密布，频生事端。

2020年新年伊始，伊拉克和伊朗的民众多次发起针对美国机构和军事设施的攻击行动。美国动用无人机射杀了伊朗革命卫队最高领导人，伊朗群情激奋，对美驻伊拉克军用机场进行猛烈袭击。美伊对抗发展为大规模区域性战争的可能性骤然增大。此后不久，法国戴高乐号航空母舰驶入波斯湾，对伊朗高调示武。进入叙利亚境内打击库尔德武装得手后的土耳其，不顾各方反对，断然出兵利比亚，不惜以武力干预方式介入利国内政。中东地区的安全形势，出现了现代历史百年以来未曾有过的复杂局面。

2019年同时也是各种民粹主义、政治激进主义相互推涌、社会抗议与政治动乱风起云涌的一年。从法国爆发黄马甲抗议运动，到西班牙加泰罗尼亚发生分离主义风潮；从拉美多国政局动荡，智利民众抗议活动搅黄APEC会议，到伊朗发生先反美国霸权后反本国政府的大规模示威活动；从印度推出新公民证法导致全国性骚乱，到法国宣布退休制度改革引发新一轮抗议浪潮，当今世界完全可以用乱象丛生来形容。

2019 年，某些居心叵测的非政府组织蓄意制造事端，反规则反体制反社会的虚假信息到处流传，颜色革命式的街头暴乱也因此相互传染。所有这一切，都对世界各国的政权稳定和社会安宁构成了现实威胁。我们观察并思考世界百年未有之大变局，不能只考虑大国关系和地区热点，只关注政治经济与军事安全等问题。

我们必须登高望远，在充分和思考国际事务的同时，密切跟踪科技进步成果，特别是人工智能进一步发展给人类社会带来的困惑与烦恼。此外，还要观察人类社会与自然界的关系变化，研究森林大火、冰川融化、物种消失、传染病防治等特殊问题。目前，这种特殊问题已经变得比任何时期更加紧迫。

（四）从人类社会进步面临的共同威胁和挑战看，和平与发展问题面临前所未有的严峻局面

过去的一年，国际事务中的单边主义、共同安全中的孤立主义、经贸领域中的保护主义、社会生活中的民粹主义、族际关系中的极端主义等思潮泛滥成灾，相互推涌，彼此借势。反经济全球化、反区域一体化的政治和社会运动，伴随极端民族主义和国家利己主义，浊浪翻腾，挥之不退。

特朗普政府以"美国优先"和"让美国重新伟大"为名兴

风作浪，对现存国际政治经济秩序构成最大挑战，对以联合国为主体的国际组织架构和以联合国宪章为核心的国际关系准则，造成了严重冲击。联合国效率低下，WTO 濒临瘫痪，就连素有富国俱乐部之称的"七国集团"也变得很像清谈馆。坐而论道，议而不决，或者激烈争吵，成了很多"高大上"的国际会议和论坛的流行病。

由于新的冷战思维支配着美国的对外政策，美国的霸权主义野蛮发展，将持续危害人类和平与发展。国际恐怖主义滋生蔓延的土壤得不到彻底铲除，形形色色的恐怖活动持续不绝，国际社会虽竭其所能，但始终除恶不尽。再加上全球气候变暖速度加快，人类生存环境持续恶化，共同应对气候变化带来的威胁和挑战，变得更加严重和紧迫。

此外，突飞猛进的科技革命，特别是人工智能的超速发展，为经济和社会发展带来新的机遇，但科技革命的成果与后果似乎越来越难以预测和掌控。人类究竟走向何方的历史迷思，从没有像现在这样难以解析！种种情况表明，世界秩序日趋混乱与全球治理赤字加剧，今后可能更加突出。

（五）从中国的国际处境和时代使命看，世界持续大变而中国走向大治将成为国际关系发展变化的主旋律

对于世界形势和国际关系的长期走向，我们既不能盲目乐观，也不必过于悲观。从历史大势看，和平发展、合作共赢终究是不可抗拒的历史潮流，任何力量都阻挡不住中华民族实现全面复兴的历史步伐。在不间断地、大踏步地走近世界舞台中央的过程中，中国不可避免地要走在反对美国新霸权主义、抵制西方新强权政治的国际斗争最前列，同时也将责无旁贷地继续充当新型国际合作的倡导者、构建新型国际秩序的推动者、打造新的国际安全格局的维护者。中国人民有意愿也有能力为新一轮经济全球化可持续发展，为全球治理升级换代迈向新阶段作出新的更大贡献。

2019 年 10 月召开的党的十九届四中全会，通过了《中共中央关于坚持和完善中国特色社会主义制度、推进国家治理体系和治理能力现代化若干重大问题的决定》。该决定正式提出以全面加强国家治理体系和治理能力现代化为目标的"中国之治"，在乱象丛生、严重无治的当今世界，产生了非同寻常的政治影响。

中国特色社会主义制度，正如此次全会所说，是中国共产党和中国人民在长期实践探索中形成的科学制度体系，中国国家一切治理工作和活动，都依照中国特色社会主义制度而展开，中国国家治理体系和治理能力是中国特色社会主义制度及其执行能力的集中体现。

党的十八大以来，中国特色社会主义制度更加完善，国家治理体系和治理能力现代化显著提高。这是中国政治稳定、经济发展、文化繁荣、民族团结、人民幸福、社会安宁、国家统一的有力保障。这种以马克思主义为指导、根植中国大地、具有深厚文化根基、深得人民拥护的制度和治理体系，不但具有强大生命力和巨大优越性，同时也能够持续推动中国的进步和发展，确保拥有五千多年文明史的中华民族实现"两个一百年"奋斗目标，进而实现中华民族的伟大复兴。

党的十九届四中全会总结了中国制度和国家治理体系的十三大优势，将"坚持独立自主和对外开放相统一，积极参与全球治理，为构建人类命运共同体不断作出贡献"，确认为必须长期坚持的十三大"优势"之一。会议宣布，到 2021 年中国共产党成立一百年时，中国各方面制度将更加成熟更加定型；到 2035 年时，中国的各方面制度更加完善，并将基本实现国家治理体系和治理能力现代化；到 2049 年新中国成立一百年时，中国的国家治理体系和治理能力现代化将全面完成。中国特色社会主义制度将更加巩固，优越性将得到更加充分的体现。

届时，"中国之治"不仅会更加深刻地改变中国社会的自身面貌，同时也将为世界各国的国家治理，为人类社会的共同进步，提供可资借鉴的新思路新方案。

（六）建立基于新理念新规则的世界新格局新秩序，将是一个漫长曲折而充满艰辛的历史过程

人类社会的进步发展，从某种意义上说，就是从无规则无秩序到有规则有秩序，再到建立新规则新秩序，循环往复以至永远的历史过程。公元前14—公元前13世纪，雄居北非的埃及帝国与统治叙利亚地区的赫梯王国经过百年霸权争夺战，最终签署了旨在缔造永久和平、彼此和睦相处的友好条约，开创了大国实行自我约束、谋求共同安全的古老范例。但埃及—赫梯和约问世后，人类社会仍然生活在弱肉强食的丛林法则之下。

进入资本主义发展阶段后，历经三十年宗教战争的欧洲人，感受到了不同民族国家建立行为规则、维护共同安全的必要性。1648年威斯特伐利亚和约问世后，以国家主权相互平等为重要前提，以不干涉内部事务为基本原则，以保证国家领土和独立不受侵犯为共同准则，以一系列多边会议为争端解决机制的国际秩序初具雏形。

19世纪末20世纪初，欧美国家两次召开国际和平会议，通过了旨在和平解决国际争端的海牙公约，建立了世界上第一个常设仲裁法院。可惜的是，这套机制和体系未能阻止第一次世界大战的再次爆发。一战结束后，欧美国家通过巴黎和会及华盛顿会议，缔造了凡尔赛体系和国际联盟。当时的国际社会为这个体系和组织的建立而欢欣鼓舞，美欧国家为打造出它们主导的世界秩序而踌躇满志。

然而，凡尔赛体系和国联也未能阻止世界大战的再次爆发。二战后期，美英苏三大国开始谋划制定新的国际关系准则、构建更为广泛的政府间组织等问题。1945年2月的雅尔塔会议，就战后世界格局、国际秩序安排、成立联合国等事宜做出最后决定。当年10月，联合国组织呱呱落地，联合国宪章隆重签署，联合国下属机构及相关组织随之陆续成立。

但是，二战后苏美两国分别统领两大阵营。双方不仅在联合国系统，同时也在全球范围展开战略角逐。上世纪80年代末90年代初，冷战结束，雅尔塔体系宣告破裂。在这种情况下，国际关系需要重新调整，国际法体系亟待更新，国际社会呼唤新的政治经济秩序，世界安全格局应当有新的安排。全球治理从理念到实践，都有必要创新发展。

遗憾的是，在世界格局由两极转向多极、经济全球化不断向纵深发展、社会制度与道路选择日益多样化的历史过渡期，美国"一超独霸"现象维系了三十余年！结果是，俄罗斯与美欧的关系依然非常复杂，世界安全情势依然山重水复。中东之乱祸水外溢，恐怖主义成为人类公敌，全球性发展失衡更加突出。

近年来，孤立主义、单边主义、民粹主义、种族主义和各种政治极端主义，伴随着反社会反人类反文明的社会思潮和运动兴风作浪。2019年的国际形势演变和2020年纷至沓来的重大事件充分证明，人类社会正处于继往开来的历史当口，构建基于新理念新规则的国际新秩序新格局，面临许多困难和压力。在这种情况下，相互尊重，彼此包容，互惠发展，妥谋安全，悉心共治，应当成为世界各国，特别是各大国在新的一年乃至相当长一个历史时期，联手推动构建新的国际关系准则和国际组织体系，共同打造利益共同体、责任共同体、安全共同体，最终走向命运共同体的唯一选择。

（七）中华民族有能力妥善应对百年未有之大变局，在走近国际舞台中央的过程中实现与世界的融合发展

伴随着世界多极化、经济全球化、社会信息化、文化多样化进程的曲折发展，发展道路多样化、制度竞争白热化、科技成果国际化、全球治理机制化，正在成为人类社会实现共同进步与繁荣发展的新常态。这是世界大势，也是时代大潮，浩浩荡荡，不可阻挡，顺之者昌，逆之者亡。

世界百年未有之大变局，将极大地改变人们的生存方式、生活方式、思维方式以及交往方式，包括民族与民族之间、国家与国家之间、地区与地区之间的共处方式。中国奉行新时代中国特色大国外交，以推动构建人类命运共同体为最高目标，以倡导

"一带一路"新型国际合作为实践路径，以新发展观、新利益观、新安全观、新责任观、新文明观为政策指导和行动指南，必将有效应对百年未有之大变局带来的各种风险和考验，为中华民族与世界的融合发展开辟更加广阔的空间。

可以预言，无论未来世界如何风云变幻，有关全球化进程、发展道路竞争、全球治理体系变革等问题的辩论与博弈何等激烈，西方理念主导世界秩序、霸凌主义行径为所欲为的时代，行将结束。发展中国家群体性崛起，新兴经济体作用上升，这是不可改变的历史大势。人类社会的不同组成部分，各种文明类型的发展路径，以及世界各国的不同治理范式，将在超越意识形态对立、超越价值观体系差异的艰难对比中，走向求同存异，实现互学互鉴；各种社会思潮和运动，将在既相互激荡又相互影响，既彼此制约又彼此推涌的崭新历史条件下，生生不息，薪火相传，共同迈向荣损与共、休戚相关的历史新境界。

有关世界百年未有之大变局的著述，目前已汗牛充栋，浩如烟海，见仁见智，莫衷一是。我们这部新著的作者，来自于不同部门，有着不同的职业经历，但我们的看法和结论比较一致：无论现在和将来国际风云如何变幻，人类社会谋和平求发展的时代主题不会改变，也不可能改变；各国人民求合作要共赢的主流诉求不会改变，也不可能改变；中国在改革开放中深刻改变自己，同时也深刻影响世界的国际大势不会改变，也不可能改变。中华民族实现全面复兴并且走向世界舞台中心的历史进程，不会改变，也不可能改变！

　　诚恳欢迎从事国际问题研究的专家学者和社会各界朋友，广泛参与我们的讨论，精准指正，不吝赐教。

2020 年 1 月 21 日（海南）

篇一

什么是"百年未有之大变局"

中国走向世界舞台中心是历史的必然^①

于洪君

记者： 近年来，中国与外部世界的关系问题，也就是中国在当今世界舞台上的地位、作用和影响问题，引起了国内外学术界、理论界的广泛关注。您曾经出版过《中国走向世界舞台中心》一书，该书十分畅销，但有些人并不十分赞同您的看法，认为您的提法过于乐观。对此，您怎么看？

于洪君： 这里首先要解决几个认识问题，一是要明确什么是世界舞台的中心；二是要弄清中国为什么要走向世界舞台中心；三是要厘定"走向世界舞台中心"与"走进世界舞台中心"的区别。

当今世界是由近 200 个主权国家共同组成的大家庭，是你中有我、我中有你，既彼此联系又相互影响的命运共同体，很像一

---

① 本文原载《当代世界与社会主义》2019 年第 4 期，系该刊对于洪君作的专访。

个剧情不断发展、角色不断改换、你方唱罢我登场的大舞台。但是，各国历史文化底蕴不同，地缘政治环境不同，资源及幅员与发展潜力不同，经济社会总体进步程度不同，在地区乃至世界事务中的作用和影响截然有别。有的位于边缘地带，有的处于中心位置。位于边缘地带的国家，或者孱弱落后，任人宰割，或者势孤力单，处于屈辱和附庸地位；处于世界舞台中心的那些国家，在力量对比和利益诉求方面长期处于强势地位，相互关系错综复杂，往往牵动整个国际关系走向。而占据世界舞台最核心位置的国家，常常是一两个超级大国。由于它们拥有无可匹敌的综合国力，有能力在国际事务中呼风唤雨，左右时势，甚至争雄称霸，因而对世界格局的塑造、对世界秩序的构建，甚至对人类社会的前途命运，都会产生至关重大的作用和影响。

中国的近现代历史，是一部积贫积弱的历史，在世界舞台上长期处于边缘地带，处于被压迫被奴役、饱受凌辱和任人宰割的卑微状态。1949 年新中国成立，中华民族摆脱了帝国主义、封建主义和官僚资本主义三座大山的统治，开始以独立自主的崭新面貌自立于世界民族之林，开启了从世界舞台边缘走向世界舞台中心的历史征程。不过，我们走向世界舞台中心，决不是要成为世界头号超级大国，在世界舞台上称王称霸，而是要在世界多极化进程中，成为一支重要的建设性力量，为人类和平发展与共同进步作出更大贡献。

目前，综合国内外各种因素进行全面比较和分析，我们可以满怀信心地说，中华民族正处于伟大历史复兴的前夜。也正因为如此，我们有充分理由认为，中国正在前所未有地靠近世界舞台的中心。中国领导人的这一科学判断和结论，已经被无数数据和事实所证实，并且也得到了国际社会的广泛认可和赞同。但中国领导人说的是"走近世界舞台中央"，而不是像有些人所理解的，中国已经"走进了世界舞台中心"。"中国走向世界舞台中心"与"中国走近世界舞台中央"，是对中国与外部世界相互关系的不同表述，揭示的是同一历史现象，表示的是"进行时"，而不是"完成时"。

记者：您认为，中国走向世界舞台中心的过程始于新中国成立之时，但新中国成立至今不过70年。短短70年的时间，中国是依靠什么力量、通过何种方式，如此迅速地靠近世界舞台中心的呢？我们知道，历史上有好些大国强国试图走向世界舞台中心，最终都遭到了失败，譬如二战前的德国、日本以及二战后的苏联。苏联虽然一度成为世界第二超级大国，但也未能在世界舞台中心站稳脚跟，演绎的是历史悲剧。

于洪君：中国走向世界舞台中心的历史进程，完全不同于历史上某些大国。我们是借助和平意志与和平力量，通过和平方式与和平道路，历经曲折反复，逐步走向世界舞台中心的。具体而言，是通过和平立国、和平共处、和平发展、和平崛起几个一脉相承、紧密联结的历史阶段，逐步走向并靠近世界舞台中心这一历史方位的。中国前所未有地靠近世界舞台中心，与中华民族前所未有地接近实现中华民族伟大复兴目标，是相互统一的。

在这里，我们之所以说，中国是前所未有地接近中华民族伟大复兴的目标，前所未有地靠近世界舞台中心这个历史方位，是因为中国目前仍是当今世界最大的发展中国家。虽然经过几代人的艰苦奋斗，特别是40余年的改革开放，中国在社会主义现代化建设中取得了举世瞩目的巨大成就，成长为在世界上举足轻重的第二大经济体，综合国力以及地区和国际事务影响力与日俱增，但中国还处于并将长时期地处于社会主义初级阶段。这个历史定位现在不会，将来一段时间内也不会改变。

换句话说，我们正处于由和平发展转向和平崛起的过渡期，正处于由不发达状态向全面现代化的发达状态转变的成长期。我们既不是世界上某些不友好势力所描绘的和许多发展中国家所期待的新型超级大国，也不是美国那种长期操纵国际组织和机构、长期左右国际规则并控制话语体系的传统超级大国。我们是始终坚持社会主义发展方向，始终坚持和平崛起并独具中国特色的新兴大国。

记者：新中国通过和平立国、和平共处、和平发展、和平崛起四个相互关联的发展阶段逐步走向世界舞台的中心，这不仅是研究中国与外部世界相互关系史的一个新提法，同时也是我们观察思考当代国际关系发展进程的新视野。您能否先解读一下新中国以和平立国、和平建国作为基本国策的历史背景及其实践特点？

于洪君：1949 年新中国成立时，以美国为首的西方国家基于意识形态因素和全球战略考虑，实行对华孤立和封锁政策。新中国为了自身生存与发展，实行向以苏联为首的社会主义阵营"一边倒"的外交战略，即在国际事务中站在苏联和社会主义阵营一边，全力争取苏联及社会主义各国的支持和援助。1950 年底至 1951 年初，中国领导人出访莫斯科，中苏两国建立了友好互助同盟关系，当时许多人并不了解它的价值所在。就此，中国领导人指出，"我们有了一个可靠的同盟国，这样就便于我们放手进行国内的建设工作和共同对付可能的帝国主义侵略，争取世界的和平"。

当时，东西方冷战已经开始。世界上只有苏联和东欧地区的社会主义国家、少数周边国家和个别北欧国家承认新中国，我们的邦交国只有 20 多个。这种被人为孤立的困难处境，使我们这个当时已经有大约 5 亿人口的国家，很难在地区和国际事务中发挥应有作用和影响，我们的经济建设和社会发展受到严重制约。我们实行"一边倒"外交战略，正如中国领导人所说，就是要站在"和平、民主、社会主义一边"。

需要特别注意的是，我们实行"一边倒"外交战略，并不是要追随苏联加剧东西方冷战。新中国成立不久，中国领导人根据国际形势的发展变化和中国自身需要，特别是战争与和平两种力量的消长情况，提出了战争有可能被推迟或被制止，和平可以得到维护，新中国要有时间、要有和平环境、要有朋友等一系列重要观点。他明确表示"争取和平是我们的共同目的"，并把维持 15—20 年的和平环境作为新中国外交的首要任务。他多次对外国友人讲，社会主义国家是朋友，我们要好好团结。此外，还需要团结资本主义国家的朋友。没有朋友是不行的。可见，新中国刚一成立，中国领导人就把和平立国，亦即和平建国，作为新中国的立国之本、兴国之要。1955 年 5 月，他在会见印度尼西亚客人时又提出了"和平为上"的重要思想，这就是，中国愿意与西方国家合作，"愿意用和平的方法来解决存在的问题"，结论就是"和平为上"。

正是基于这样的战略思考，1953 年 12 月底，中国领导人向来华商讨中印关系的印度客人提出了互相尊重领土主权、互不侵犯、互不干涉内政、平等互惠和和平共处五项原则，得到印方认同。1954年6月，中国领导人访印，中印两国在联合声明中重申和平共处五项原则，确认这五项原则具有普遍适用性。随后，中国领导人访缅，中缅总理在联合声明中确认，和平共处五项原则对中缅关系也有指导意义。当年11月，中缅总理在北京会晤，宣布和平共处五项原则是指导两国关系坚定不移的方针，同时希望这五项原则能够为亚洲和世界各国广泛采用。后来，为文字表述更加准确，这五项原则被修订为"互相尊重主权和领土完整、互不侵犯、互不干涉内政、平等互利、和平共处"。

和平共处五项原则由中方首先提出，随后由中印缅三国共同倡导并推向整个亚洲和世界。1955年，新中国克服重重阻力，成功地参加了亚非拉国家在印尼召开的万隆会议，推动会议取得成功，并以和平共处五项原则为基础，形成了万隆会议十项原则。这时，亚非国家对新中国有了新的认识和了解，中国的国际处境明显改善。1956年，中国领导人访问埃及和一批非洲国家，打开了新中国与非洲交往的序幕。中国与埃及、阿尔及利亚等非洲国家建立了外交关系。

记者：新中国以和平立国、和平建国为基本国策，并且把争取和维护和平作为对外政策首要目标，这既符合自身安全利益和发展需要，也符合世界潮流与国际法基本准则。为什么以美国为首的西方世界仍然拒绝承认新中国，并且顽固地坚持政治上孤立、经济上禁运、军事上封锁的对华政策呢？主张和平立国的新中国，为什么会在1950年卷入朝鲜战争、在1962年进行对印边界自卫反击战呢？

于洪君：新中国是个爱好和平的国家。这是中华民族延续数千年的以和为贵，主张和而不同、和谐共生等优良品格决定的，也是新中国人民民主国家的政权属性决定的。但世界上的事情是复杂的，是由多方面因素决定的，有些事情的发生发展不以我们的意志为转移。

1950年6月，处于分裂状态的朝鲜半岛爆发战争。美国不顾中国政府的严正警告，悍然介入朝鲜战事，把战火烧到中朝边境，并且公然轰炸中国边境城市，派军舰封锁台湾海峡，武装占领台湾，对百业待兴的新中国构成了现实而巨大的军事威胁。在这种情况下，新中国别无选择，中国人民志愿军肩负起抗美援朝、保家卫国的神圣使命，于当年10月入朝作战。经过近三年的浴血奋战，中朝两国人民最终挫败了美国阴谋霸占全朝鲜、进而称霸东北亚和全亚洲的战略野心。1953年7月，朝鲜半岛实现全境停战，东北亚地区和平与安宁得以维护。1958年，中方响应朝鲜政府号召，毅然撤回志愿军全体官兵，彰显了维护地区稳定、争取持久和平的决心。但是，朝鲜战事的发生和发展，特别是中国军队的辉煌战绩，使新中国国势大增、国威大振，加剧了以美国为首的西方世界对新中国的恐惧心理，成了它们坚持反华立场的主要依据。

朝鲜战争停止后，中国开始倡导和平共处五项原则和以此为基础的万隆会议精神，全力营造睦邻友好的周边环境。我们一是巩固和发展同朝鲜、越南的传统友谊，努力通过民间外交拉近与日本的距离，稳定东北亚、东南亚局势；二是以相互尊重、互谅互让的原则为基础，成功地解决了与缅甸、巴基斯坦、阿富汗、尼泊尔、蒙古、朝鲜等国历史遗留的边界问题。

印度是中国在西南方向的重要邻国，双方拥有 1700 多公里的共同边境，但历史上没有划定边界线。从 50 年代初期开始，印方利用新中国忙于朝鲜战争和其他事务之机，不断蚕食和侵占中国领土。中国一方面不停地向印方提出交涉抗议，另一方面坚持以和平谈判解决边界争端的方针，所以，1958 年前，中印边境地区的形势总体上还算稳定。1959 年 3 月，印度正式向中方提出总面积约 12.5 万平方公里的领土要求。遭到拒绝后，印方强行推动其"前进政策"，企图使用武力片面改变业已形成的边界状况，致使双方冲突不断。中方在所有和平努力均无效的情况下，于 1962 年 10—11 月间，被迫进行了为期一个月的自卫反击战。1963 年 3 月初，中方军队全部撤回到历史形成的双方实际控制线 20 公里以内，再次以实际行动表明了中方主张通过和平谈判解决边界问题的一贯立场。

中方的对印自卫反击战是正义的,也是被迫的。印度以"一个月阵亡 3770 人"的代价,输掉了他们所说的"天堂门口的战争",自然会给中印关系投下一道挥之不去的历史阴影。但是,中国坚持和平共处的对外政策不动摇,并且力图将中苏关系从友好互助同盟轨道转向和平共处的正常国家关系轨道。这是因为,中国实行向以苏联为首的社会主义阵营"一边倒"的外交战略,的确获得了不可估量的战略"红利"。中国借助于苏联强大的军事技术支持打赢了异常艰苦的朝鲜战争,同时还在苏联的直接帮助下,建立起门类齐全的国民经济体系。但另一方面,中国也实实在在地感受到了苏联的"老子党"作风和大国主义的强大压力。1953 年斯大林逝世,中国拉开了调整对苏关系的序幕。1956 年后,意识形态分歧逐渐公开,双方在对外关系领域分道扬镳的进程明显加快。同年 10 月,苏联与东欧国家的关系也出现了严重问题,中方明确建议苏联,应把和平共处五项原则作为指导和处理社会主义国家相互关系的基本准则。

1960 年,古巴革命成功,中国与古巴建交,在遥远的拉丁美洲有了第一个邦交国。此时,非洲民族解放运动凯歌行进,中国相继与加纳、马里、索马里、刚果(利)、坦桑尼亚、肯尼亚等一大批新独立的非洲国家建交。1964 年,西方大国法国与新中国建交，中国的国际地位和处境有了进一步改善。

记者：20 世纪六七十年代国内外形势十分复杂，中国改变并最终放弃"一边倒"的外交战略，历经曲折。也就是说，新中国全面实行以和平共处为核心的外交政策并非一帆风顺，这期间经历过哪些重大事件？又有哪些经验可以总结，有哪些教训可以汲取？

于洪君：这个问题提得好！在回顾我国走向世界舞台中心的历史过程时，有些时段、有些问题，是不能回避也无法回避的。对中国来说，20 世纪六七十年代的国内外形势的确非常复杂。从外部环境看，中苏之间的政治分歧激化为十年论战，中国与苏联及其影响下的东欧绝大多数国家断绝了正常往来，社会主义建设所需要的外部支持几乎为零。另一方面，美国加紧在中国周边地区排兵布阵，大力拼凑反华军事同盟体系，不断扩大在越南和整个印度支那的战争行动。中国与周边国家的关系几乎全面恶化。在中印、中苏、中蒙关系持续走低的同时，"唇齿相依"的中朝关系也出现严重问题。对华友好的印度尼西亚，由于右派军人政变，开始大规模反华排华。曾经与中国共同倡导和平共处五项原则的缅甸，对华关系也急转直下。中国与拉美地区的唯一建交国古巴的关系，持续僵冷。到 60 年代末，中国在澳洲和南太地区，仍然一个建交国都没有。在全球范围内，建交国总数亦屈指可数。从建交国来讲，"我们的朋友遍天下"，不过是一句空洞的口号。

从内部情况看，受当时急剧膨胀的极左思潮影响，和平共处思想和原则被当作修正主义理论，与国际关系中的"和平过渡""和平竞赛"概念一起，遭到猛烈批判。到60年代末，中国外交大体回到了和平共处的正确轨道，中国的国家形象得到修复。但中苏两国的关系没有改善，反而继续恶化。1969年，双方在边境地区爆发严重流血冲突，几乎酿成大规模战争。

进入1970年后，随着加拿大与中国建交，中国与外部世界的关系进入新阶段。中国领导人开始考虑世界战略格局以及中国与整个外部世界的关系等问题，纠偏力度进一步加大。1970年夏，毛泽东在会见法国代表团时表示，国际间的事要由大家商量解决。当年12月，他在一份内部文件上作出重要批示，意思是说我们不能要求外国人承认中国人的思想，中国对内对外都有大国沙文主义，必须加以克服。这一年，他还通过美国友人斯诺，发出了欢迎尼克松总统来访、"中美两国总是要建交的"重要信号。

1971年，借助广大发展中国家以及苏联东欧各社会主义国家的支持，中国挫败了美日等国重重阻挠，成功地恢复了在联合国的合法席位。1972年，中国成功地接待尼克松访华，开启了中美交流对话之门，中日两国也实现了邦交正常化，世界上开始出现承认新中国的热潮。这时，中国领导人对和平共处的理解更加深刻，外交实践也变得更加灵活。

记者：是否可以这样理解，到 20 世纪 70 年代末，中国与外部世界的关系，已经呈现出不同于五六十年代的新形态？在这种新形态下，中国外交理论和实践，有哪些创新和发展呢？

于洪君：是的，实行更加积极的和平共处政策后，中国的国际处境和形象有了重大变化。到 20 世纪 70 年代末，中国在西欧地区的建交国增至 16 个，在非洲撒哈拉沙漠以南地区增至 25 个。西亚北非、拉丁美洲、大洋洲、南太以及周边地区，陆续有国家与新中国建交。中朝、中缅关系得到恢复和发展。中国与印度恢复互派大使，与印尼的紧张关系有所松动。现在回过头看，当年恢复在联合国的常任理事国地位，中美、中日关系实现重大转圜，是中国走向世界舞台中心的重大步骤。由于这些成就，中国开展和平共处外交的政治前景变得更加广阔。

从经济关系看，中国逐步打破了西方的经济封锁，获得了实实在在的发展利益和机遇。譬如，中国长期以日本为最大贸易伙伴，但中日贸易额到 1969 年时也只有 5.8 亿美元。两国建交后，经贸关系迅猛发展，到 1979 年时达到 67 亿美元。联邦德国是中国在欧洲的最大贸易伙伴，双方贸易额 1972 年为 2.72 亿美元，两国建交后，贸易额每年增长 30% 以上，1979 年已近 22 亿美元。中国同其他发达国家的经贸关系和科技合作，也有较大幅度增长。这些成就，大大坚定了中国实行和平共处外交的意愿和决心。所以，1975 年初，中国领导人在四届人大上宣布："我们愿意在和平共处五项原则的基础上同一切国家建立和发展关系。"

中国外交在指导思想和政策实践方面，始终带有强烈的连续性和继承性，但我们同时也特别注意发展和创新。面对 70 年代中后期国际形势新特点和中国外交新任务，中国领导人将原则坚定性与策略灵活性、理论继承性与实践创新性有机地结合起来，摆脱了传统的两大阵营对抗思维，提出了"三个世界"理论，强调中国和广大发展中国家属于第三世界，第三世界是反帝反殖反霸主力军。在继续开展反对美苏两个超级大国的同时，还适应国际关系的发展变化，推动建立公正合理的国际政治经济新秩序，强调中国是广大发展中国家的代表，中国永远不当超级大国，永远不称霸，并且反复重申，中国要为人类社会作出新的更大贡献。1974 年，中国领导人在第六届特别联大上发表讲话，集中反映了中国对当时一系列重大问题的看法和主张，反映了中华民族希望走向世界舞台中心、渴望为人类进步承担更大责任的意愿和决心。

当然，70 年代中期，极左思想的残余和处理对外关系的传统方式还有一定影响。因此，中国在建立和发展国家关系时，高举和平共处五项原则的旗帜，但当某些国家的左派政党和组织要求支持其革命活动时，我们往往又毫不迟疑，这就使我国的和平共处外交打了折扣。这种情况在周边地区表现得较为突出。换言之，由于特定历史条件，和平共处的政策主张当时还没有完全到位。

记者：1979 年，中国进入改革开放和社会主义现代化建设的历史新时期。中国外交政策又有哪些重大变化和调整？这些变化和调整，对中国走向世界舞台中心，有什么重大意义和影响？中国与外部世界的关系，出现了哪些新的特点和趋势？

于洪君：众所周知，中国改革开放的总设计师领导我们党将工作重心全面转移到社会主义现代化建设轨道上，是以对国际形势及其发展前景的科学判断和估计为依据的，是以和平与发展已经成为时代主题为基本前提的。正是基于这样的科学判断和认识前提，为改革开放争取良好的外部环境，建设性地参与地区和国际事务，开展更加广泛的国际交流与合作，大踏步走向外部世界，成为中国新时期外交工作的主要任务。超越意识形态分歧，超越社会制度差异，一切以国家安全利益和发展需要为出发点，成为改革开放后中国外交始终不变的主旋律和主基调。也正是在改革开放之初，即 1978—1979 年间，中日缔结了和平友好条约，中美正式建立了外交关系。

20 世纪 80 年代末 90 年代初，东西方冷战结束。中国外交面临新的历史机遇，也面临新的问题和挑战。中国领导人审时度势，提出韬光养晦、有所作为的外交新方针，坚持独立自主的和平外交政策，坚持不扛旗、不当头、不结盟、不干涉原苏东地区内部事务，继续以和平共处五项原则为基础，同一切国家开展友好合作。结果是，中国不但与包括俄罗斯在内的原苏东地区各国普遍建立起新的正常国家关系，而且在新的起点上开始了较高水平的务实合作。中国与俄罗斯建立了全面战略协作伙伴关系。历史上形成的中国支持某些国家共产党人开展武装斗争的政策，也作了根本性调整。中国与东南亚各国的关系，得到普遍改善，与广大发展中国家的关系，得到进一步拓展。与西方国家的关系，包括与美国的关系，尽管不无波折，有时甚至出现危机，但总体上保持着持续向前的良性发展态势。可以说，20 世纪八九十年代，是中国通过改革开放全速推进和平发展的 20 年，也是中国走向世界舞台中心步伐不断加快的 20 年。

记者：进入 21 世纪前后，国际力量对比持续发生以东升西降为主要标志的重大变化。世界权力重心向亚太地区转移呈不可阻遏之势，但地区和国际形势复杂多变的特点也更加突出。在此情况下，中国是如何坚持韬光养晦、有所作为的外交方针，如何应对国际风云变幻带来的种种压力和挑战的？

于洪君：世纪之交，国际力量对比总体上的确朝着有利于中国、有利于广大发展中国家、有利于世界多极化的方向转变。经过 14 年艰苦谈判，中国最终加入了 WTO。此事无论对中国还是对整个世界，都是具有重大历史意义的标志性事件。它不仅结束了中国长期游离于世界经济循环之外的不正常局面，极大地促进了中国与世界经济的融合发展，而且为中国反过来影响和拉动世界经济增长，为全球经济发展作出中国贡献，提供了史无前例的机遇和可能。

当然，如您所说，由于世界此时已全面进入大发展大变革大调整时期，国际形势、中国与外部世界的关系复杂多变的特点分外明显。中国面临的外部挑战、压力和风险与日俱增。但是，此时中国的综合国力和国际影响力已经大大增强，外交资源和手段也更加丰富，运筹帷幄的经验和能力早已今非昔比。因此，世纪之交，中国不但成功地解决了历史遗留的港澳问题，即恢复行使对港、澳的主权，同时还妥善地化解了因美国轰炸我驻南斯拉夫大使馆、美军侦察机在我南海上空恣意挑衅导致我方机毁人亡的两大危机事件，强有力地捍卫了我们的国家主权和尊严。

与此同时，中国本着相互尊重和互谅互让的原则，在既考虑历史因素又照顾现实状况的基础上，一劳永逸地解决了历史遗留的中国与俄罗斯及中亚邻国的领土争端，解决了与老挝的边界问题，与越南陆上边界和北部湾划界问题也得以圆满解决。20 世纪 90 年代中期，中国倡导成立中俄哈吉塔五国元首会晤机制，后来吸收乌兹别克斯坦，升级为上海合作组织，成为实践中国新安全观、新发展观、新合作观的重要机制和平台。2008 年，我国还成功地举办了历史上规模空前的夏季奥运会。中国政府的组织能力、协调能力和国际动员能力，令全世界刮目相看。中国的国际威望从此大幅度上升。随后，中国与俄罗斯、印度、巴西、南非作为最有实力、最有前景、最有代表性的新兴市场国家，又共同组建了"金砖国家"领导人会晤机制。中国参与联合国事务、G20、APEC 等多边活动的积极性、主动性和创造性进一步彰显，在"东盟 10+1"、"东盟 10+3"、东亚峰会、中日韩三方合作以及中欧峰会等区域合作机制中的作用和影响持续走强。国际上任何重大事务没有中国参与，已经变得不可想象。

这样一来，国际上某些势力，主要是美国和西方世界对中国快速成长的不适感表现得越来越突出。形形色色的"威胁论"沉渣泛起。针对这一情况，中国党和国家领导人开始在国际上反复深入地阐释中国和平发展、和平崛起的政策和主张，阐释中国需要世界、世界也需要中国，中国离不开世界、世界也离不开中国的理念和现实。

记者：进入 21 世纪后，随着中国的综合国力跃居世界第二位，参与地区和国际事务的广度、深度和力度进一步加大，中国社会制度、发展道路和成功经验的感召力与影响力进一步上升，走向世界舞台中心的步伐更加铿锵有力、势不可当。这大概是五花八门的"中国威胁论"沉渣泛起的主要原因吧？

于洪君：可以这样理解。事实也就是如此。所以，2012 年 11 月召开的中共十八大郑重宣布，中国在国际事务中要继续高举和平发展、合作共赢的旗帜，以实现中华民族伟大复兴的历史任务与中国的和平崛起为伟大目标。2013 年 3 月，中国领导人习近平在莫斯科国际关系学院以"顺应时代前进潮流 促进世界和平发展"为题，发表重要演说，明确提出"面对国际形势的深刻变化和世界各国同舟共济的客观要求，各国应该共同推动建立以合作共赢为核心的新型国际关系"的新理念，同时把共同推动建立人类命运共同体这一崇高任务，作为中国和当今世界各国人民的共同目标提上日程。随后，他又在金砖国家领导人会晤时指出，"求和平、谋发展、促合作、图共赢，是我们共同的愿望和责任"，"不管国际风云如何变幻，我们都要始终坚持和平发展、合作共赢"。

2013 年 4 月，中国领导人出席博鳌亚洲论坛年会时再次强调，当前"和平、发展、合作、共赢的时代潮流更加强劲"，

"亚洲和世界和平发展、合作共赢的事业没有终点,只有一个接一个的新起点"。当年9—10月间,他利用出访中亚同东南亚之机,提出了中国与古丝绸之路沿线国家共建"丝绸之路经济带"和"21世纪海上丝绸之路",即"一带一路"的重大倡议,为实现这一前无古人的合作发展新构想,中国建立了丝绸之路基金,发起成立了亚洲基础设施投资银行,并把政策沟通、设施联通、贸易畅通、资金融通和民心相通,作为"一带一路"建设的核心任务。"一带一路"成为中国走向世界、世界走向中国、世界各国走向共同进步与繁荣、人类社会走向命运共同体的共同事业和光明坦途。

总而言之,从这时起,合作共赢作为"中华民族传统文化和新中国外交实践厚积薄发、水到渠成"的自然结果,被确立为中国和平发展、和平崛起的核心理念。作为中国外交战略和策略的核心内容,作为中国处理地区及国际事务的基本政策和主张,中国处理对外关系的主要目标就是"要把合作共赢的理念体现到政治、经济、安全、文化等对外合作的方方面面"。

从这时起,在中国领导人中国特色大国外交思想指导下,中国利用一切机会和可能,加紧在全球范围内建立伙伴关系网,推进全领域互利合作。中俄、中美、中欧关系以及中国与东盟、阿盟、非盟和其他各种区域组织的合作关系,实现了全面转型升级。在推动建立公正合理的国际新秩序、应对气候变化、解决全球性问题、加强全球治理、打击国际恐怖主义、执行联合国维和任务、帮助冲突地区实现战后重建等方面，中国不断发出自己的声音，提出自己的方案，贡献自己的力量和智慧。其中最突出的是，中国越来越积极地参与联合国事务，成为联合国安理会常任理事国中派出维和人员最多的国家，至 2015 年秋中国领导人访问联合国时，中国共有三万人次到世界各地参与了和平执守。中国领导人庄严承诺，中国要提供十亿美元与联合国共建维和基金，要成立整建制的常备维和警队和 8000 人的待命维和部队。中国准备为维护世界和平与安全承担更大的责任和义务。

2017 年 5 月和 2019 年 4 月，中国成功地举行了两届"一带一路"国际合作高峰论坛。会议取得的大量成果表明，中国走向世界与世界走向中国的良性互动，从形式到内容，都已进入全新发展阶段。正如中国领导人所说，在实践中不断探索前进方向、开辟了中国特色社会主义道路的中国，已经站在新的历史起点上。

记者：国际社会普遍注意到，近年来，中国特色大国外交凯歌行进，有力地保障了中国和平发展与和平崛起，同时也极大地促进了中国走向世界与世界走向中国的良性互动，但不可讳言，中国走向世界舞台中心，还会面临许多新的问题。中国未来将如何应对各种风险和挑战？

于洪君：对于中国与外部世界的关系，中国共产党人是乐观主义者，同时也是现实主义者。我们早就注意到，当前世界正处于大发展大变革大调整时期，和平与发展仍然是时代主题。世界多极化、经济全球化、社会信息化、文化多样化深入发展，全球治理体系和国际秩序变革加速推进，各国相互联系和依存日益加深，国际力量对比更趋平衡，和平发展大势不可逆转。同时，世界面临的不稳定性、不确定性突出，世界经济增长动能不足，贫富分化日益严重，地区热点问题此起彼伏，恐怖主义、网络安全、重大传染性疾病、气候变化等非传统安全威胁持续蔓延，人类面临许多共同挑战。

党的十八大以来特别是在党的十九大上，中国领导人对当前国际形势和我国面临的外部环境，作了全面而深刻的分析与评估，同时也旗帜鲜明地表达了中国政府和人民勇于面对挑战、继续改革开放、坚持砥砺奋进、与世界同在、与时代同行的意志和决心。一方面，他指出，放眼全球，我们正面临百年未有之大变局。无论国际风云如何变幻，中国维护国家主权和安全的信心和决心不会变，中国维护世界和平、促进共同发展的诚意和善意不会变。我们将积极推动共建"一带一路"，继续推动构建人类命运共同体，为建设一个更加繁荣美好的世界而不懈努力。另一方面，他也严正表示：中国决不会以牺牲别国利益为代价来发展自己，也决不放弃自己的正当权益，任何人不要幻想让中国吞下损害自身利益的苦果。中国奉行防御性的国防政策，中国发展不对任何国家构成威胁，中国无论发展到什么程度，永远不称霸，永远不搞扩张。

我们始终认为并确信，中国走向世界舞台中心，道路是漫长而曲折的，任务是艰巨而复杂的，不可能一蹴而就。尽管我们说，中国已前所未有地靠近世界舞台中心，但走到世界舞台中心可能要经过几代人做出更多更大的努力，经历几十年甚至更长的历史时期，切不可把复杂问题简单化了。

另一方面，我们也确信，无论未来国际形势如何发展，也无论中国未来发展到什么程度，中国共产党将始终恪守既为中华民族谋复兴也为人类进步作贡献的伟大初心，始终遵循和平发展和平崛起、合作发展合作共赢的崇高理念。在党中央坚强领导下，不断走向世界舞台中心的中国，将永远是世界和平的建设者、全球发展的贡献者、国际秩序的维护者。

联合抗疫：从全球合作到携手共治

于洪君

2020 年的 G20 峰会，出人预料地于 3 月 26 日举行了一次特别会议，并且采取了前所未有的视频会议方式。据会议主席国沙特阿拉伯宣布，包括中国在内的相关各方同意召开此次峰会，目的在于推动全球协调应对新冠肺炎疫情及其对经济和社会的影响。由于东道主和与会各方共同努力，峰会就疫情全球大流行以及国际社会联手抗疫达成重要共识，并且发表了联合声明。这不仅是当前国际关系剧烈变革、世界格局深度调整的标志性事件，从长远看，同时也是全球事务更趋复杂、人类文明曲折演化的一个重要里程碑。在这一背景下，如何认识人类社会的本质属性及其时代特点，怎样参与这场史无前例的全球合作与应急联动，如何强化对外政策沟通与国家形象塑造，显然需要更加全面、更加深刻、更加理性的认识和思考，需要采取更为坚实有力的措施和行动。

一、新冠肺炎肆虐全球彰显人类社会休戚相关安危与共的本质属性和时代特征

人类社会从来就是一个充满矛盾和冲突的对立统一体。在薪火相传、繁衍生息、走向未来的漫长进程中，人类社会各个组成部分之间，人类社会与其生存环境之间，总要出现这样或那样的问题和困难，有时甚至会面临无法预见和应对的深刻危机与重大挑战。

目前肆虐全球的新冠肺炎疫情，无疑是第一次世界大战结束后流行范围最广、危害程度最大的全球性公共卫生事件，甚至可以说是人类社会进入现代发展阶段以来遇见的最大一场浩劫。诚然，百余年来，随着人类社会科技进步水平不断提高，世界各国，特别是发达国家，医疗保健能力和公共卫生质量早已今非昔比，控制大规模传染病的方法和手段越来越多样化现代化，但新冠肺炎病毒此次全球传播速度之快，感染面之大，远远超出了人们的预想，超出了国际社会的应对能力。

根据有关方面资料，至 3 月 31 日本文截止时，亦即 G20 特别峰会召开五天之后，新冠肺炎疫情已蔓延至全球 200 多个国家

和地区。除中国外，全球确诊人数超过 82 万。美国当日统计到的确诊人数多达 15.55 万人，累计死亡 16.46 万人。这说明，作为当今世界最大发达国家，医疗服务和公共卫生水平一向领先的美国，已成为名副其实的最大"疫情国"。欧盟成员国意大利、德国、法国、西班牙，以及刚刚退出欧盟的英国，东北亚地区经济科技均较发达的日本、韩国，伊斯兰世界的重要国家伊朗等，都成了灾难深重的"疫情大国"。意大利、西班牙等国的病死率竟然超过 10%！

从全球角度看，此次疫情袭击没有"死角"，幸免于难的国家寥寥无几。正是由于这一点，3 月 28 日，罗马教皇方济各破天荒第一次孤独地现身于梵蒂冈圣彼大教堂广场，冒雨祈祷。这位 83 岁高龄且有恙在身的老人异常痛苦地说：我们都在一条船上，大家彼此需要。虽然他使用的是宗教语言，但只有同心协力才能共克时艰的国际认识正在形成，绝对是不争的事实。

为了阻断新冠肺炎传播，防止疫情持续蔓延，许多国家相继不得不采取对内断路封城、禁绝社交、停工歇业，对外关闭边界、中断人流、中止货运等极端措施。人类社会从没有像今天这样，为防控大规模传染病而陷入各自封闭、自我停摆的半瘫痪状态。由于病毒扩散极为迅猛，中国疫情暴发时采取的那些曾被视为极端行为并且遭到攻讦的超常规措施，后来陆续被许多国家所借鉴和效仿。同样，某些国家为应对中国疫情暴发而采取的封关断航、撤走侨民、叫停人员往来的极端措施，中方后来非常理解，并且还采取了对应行动。

显然，各国政府所做的这一切，没有什么政治意图和意识形态因素，有的只是安全考量，目的都是为了断绝疫情的传染源，将可能发生的危害控制在最低限度。也正是由于各国纷纷采取别无选择的极端措施和手段，世界经济受到意想不到的重创。各国人流物流突然中断，服务业制造业大幅萎缩，继之而来的是全球产业链供应链大面积断裂，期货市场与股市大幅度震荡，本来就脆弱不堪的世界经贸秩序和国际金融格局进一步趋向崩塌。越来越多的专家预言，世界可能因此次疫情而遭遇比上世纪 20 年代末"大萧条"更为惨烈的经济危机。

中国共产党人和中华民族，对于人类社会安全与发展利益密切交织、前途与命运彼此相关的本质属性和时代特点，早就有了与时俱进的新认识和新思考。进入 21 世纪以来，中国官方文件频繁出现"人类命运共同体"这样的新提法，用以强调中国发展利益、安全利益与世界各国发展利益、安全利益的关联性和一致性。

2013 年 3 月，习近平出访俄罗斯时在莫斯科国际关系学院发表演说，更加明晰和透彻地阐述了他的新时代观和新世界观。

他指出:"我们所处的是一个风云变幻的时代,面对的是一个日新月异的世界",在这个时代和世界,"各国相互联系、相互依存的程度空前加深,人类生活在同一个地球村里,生活在历史和现实交汇的同一个时空里,越来越成为你中有我、我中有你的命运共同体"。

此后,习近平在许多场合一再呼吁和反复强调打造人类命运共同体的极端重要性和紧迫性。2017 年 1 月,他在联合国日内瓦总部万国宫,专门以《共同构建人类命运共同体》为题发表演说。他指出:人类正处在大发展大变革大调整时期,各国相互联系、相互依存,全球命运与共、休戚相关;人类正处在挑战层出不穷、风险日益增多的时代,包括重大传染性疾病在内的安全威胁持续蔓延,中国的方案就是:"构建人类命运共同体,实现共赢共享"。

新冠肺炎此次全球大流行,以及全球抗疫局面逐渐形成,再一次彰显了人类社会安危相依、命运与共的根本属性,充分验证了习近平关于人类命运共同体理论构想、政策主张的真理性与适时性。他在本次 G20 特别峰会上做出的"重大传染性疾病是全人类的敌人"的科学判断,得到了国际社会的普遍认可和认同。这一论断对于我们和国际社会更深刻更全面地认识当前疫情,积极主动地参与全球抗疫行动,具有重要指导意义。

二、全球抗疫合作是战胜新冠
肺炎疫情的唯一途径

本次 G20 特别峰会，可以说是人类社会有史以来第一次真正携起手来，联合应对现实威胁、并肩对抗共同性挑战的动员大会、誓师大会。联合国、世界卫生组织等相关组织，以及西班牙、瑞士、新加坡等部分非 G20 成员领导人应邀参会，本身就体现了此次全球抗疫行动的广泛性与合作性。

此次 G20 特别峰会成功举办，标志着世界各国共同抗击新冠肺炎的新局面开始形成。虽然个别国家和某些势力仍企图利用疫情蔓延制造冷战气氛，甚至企图将国际抗疫合作引向大国对立与冲突的歧途，但大敌当前，人类社会要求共克时艰、相互救助的健康意识和主流诉求，终究不可违逆。

沙特阿拉伯国王萨勒曼作为本次峰会主持人，一开始即呼吁世界各国特别是与会各方，对此流行病作出有效与经过协调的回应，为疫苗研发提供更多资金，尽快恢复正常货运与服务，协助发展中国家对抗疫情。就此，峰会郑重承诺保护生命，采取一切必要的卫生措施抗击疫情，即时分享各种资讯以及共享研究所需要的资源，向全部有需要的国家提供帮助，协调公共卫生和财务措施。

中国对于联合国际社会，应对共同性灾难和挑战，历来秉承坦诚开放、积极参与、合作共赢的建设性立场。1949 年新中国成立前后，中国东北华北地区突然发生大面积鼠疫，人民的生命安全和公共健康事业受到极大威胁。毛泽东即刻致信苏联领导人，要求苏方紧急提供药品疫苗等防控物资，同时提供医疗卫生专家指导。这一要求很快得到满足，疫情恶性传播的势头迅速得到遏制。

此后数十年来，除上世纪六七十年代情况特殊外，中国每遇重大灾害事件，总是开诚布公地向国际社会陈明事发原委与相关损失，并在特别急需时适度接受外部援助和支持，同时与国际社会开展必要科研，共享经验和成果。2003 年抗击非典疫情，2008 年汶川抗震救灾，中国与国际社会的合作都非常成功，许多案例堪称人类抗灾合作的典范。

同样，这期间无论世界上任何国家和地方遇到任何困难或灾情，中国都要挺身而出，慷慨相助。众所周知，自上世纪 60 年代起，中国总共派出数万名医护人员前往非洲，在这个病患肆虐大陆救死扶伤，帮助当地政府开展医疗卫生和大众保健工作，在世界上传为永久佳话。近年来，中国又与世卫组织积极合作，联手美国等卫生防疫较有经验的国家，共同抗击肆虐非洲的埃博拉病毒，谱写了国际抗疫合作的新篇章。凡此种种，有目共睹，不一而足。

此次新冠肺炎疫情突然在中国暴发，中国政府同样采取了与国际社会真诚合作的建设性做法。首先，中方无选择无差别地接受各国政府、国际组织、社会团体、民营企业、友好人士以各种方式表达的善意和援助，多次对此真诚感谢。其次，中国一开始即与世界卫生组织积极合作，及时向其通报疫情状况和中方所采取的各种措施，同时接受世卫组织专家考察与指导。这种开放、透明、负责任的做法，得到了世卫组织高度认可和赞赏。中国同时还及时地向美国政府通报相关信息，与美方保持了适度的交流与合作。

此外，特别需要指出的是，中国疫情防控形势刚刚趋稳，即开始对意大利、伊朗、韩国、日本、巴西等80多个国家提供多种形式的支持和援助，赢得世卫组织和国际社会的高度评价。G20特别峰会召开时，习近平针对全球疫情发展态势与合作抗疫实际需要，重申中方秉持人类命运共同体理念，愿同有关国家共同分享防控有益做法，对所有国家开放中国新冠肺炎疫情防控网上知识中心。他提出打好新冠肺炎防控全球阻击战，有效开展国际联防联控，积极支持国际组织发挥作用等重要建议。

习近平主席提出的重要建议,具有很强的操作性,如尽早召开 G20 卫生部长会议,开展药物疫苗研发与防控合作,各国携手拉起最严密的联防联控网络,探索建立区域公共卫生应急联合机制,适时举办全球公共卫生安全高级别会议,等等。会议当天,习近平还以复信方式向世卫组织领导人表示:人类是一个休戚与共的命运共同体。国际社会应守望相助,同舟共济。我们愿同世界卫生组织及各国一道,为维护全球公共安全作出贡献。

中国政府一向言必信行必果。实际上早在 3 月中旬,习近平亲自与意大利、西班牙、塞尔维亚、巴基斯坦等国领导人通话前后,中方即已开始向这些新冠肺炎"重疫国"提供支持和援助,包括派遣医疗队到意大利、英国等国开展医疗救护活动,探寻卫生事业合作等。

特别峰会之后,除中国外,美国和意大利、英国等欧洲国家,日本、澳大利亚、新西兰等亚太国家,以及伊朗等防控能力相形见绌的许多发展中国家,形势愈发严峻。在这种情况下,中国一方面不断加大物质技术和专业援助力度,另一方面开足马力,努力生产和供应全球抗疫急需的防护用品和相关器械。3 月27 日中美两国元首通话后,美方开始在中国大量采购防疫物资。华为公司等中国企业和社会组织对美捐赠趋于活跃。中美防疫合作出现新局面。

这里需要指出的是，当前全球抗疫合作的形式和内容是多种多样的。参与合作的相关各方往往要综合考虑许多因素，因国施策，酌情而动，既尽其所能，又得其所需。中国全力参与全球抗疫合作，自然也绝不是简单提供无偿援助一种形式，它还包括信息交换、经验共享、药物研发、临床救护、公共卫生设施建设以及相互保护对方侨民安全等许多方面。

显而易见，无论形势多么复杂，任务多么艰巨，中国政府都将在全球抗疫合作中承担应有责任，履行相应使命。这一神圣意志和决心，不会有丝毫的犹疑和改变。世界各国，无论美国等发达国家还是伊朗这样的欠发达国家，都必须通过参与全球抗疫合作，借助人类社会的共同智慧和力量，才能最终摆脱新冠肺炎疫情的袭扰，取得这场带有世界大战性质的历史大搏战的最后胜利。

三、在抗疫合作中推进经济合作

此次新冠肺炎疫情全球流行，对各国人民的健康生活与生命安全造成了现实危害，同时还可能对人类生存与繁衍能力构成重大影响，这是无可争议的。在对付这个"恶魔"的过程中，各国不得不采取的非常措施，严重地影响了社会的正常生活，打乱了经济的正常运转，世界经济关系、贸易秩序和人文交流，以及人类的科技进步、现代化发展进程、经济全球化格局重塑，都造成了令人始料未及的巨大损害。

国际社会普遍意识到世界经济形势的严峻性和贸易前景的不确定性。悲观失望情绪随着疫情在全球扩散，美国股市一度连续五次熔断。有些粮食出口大国甚至作出了禁止粮食出口以备粮荒的决定。面对这种形势，国际社会在开展抗疫合作时，还必须尽最大可能继续经济合作，将共同应付新冠肺炎疫情与协调组织生产、抗疫合作与经济合作有机统一起来。为此，G20 特别峰会发出强烈信号，呼吁国际社会采取相应行动，尽快恢复商品和服务的正常流通，特别是重要医疗用品的流通，同时呼吁各国保护民众的工作与收入，保持金融稳定与恢复增长，最大限度地减少对贸易和全球供应链的干扰。会议承诺为全球经济注入至少 5 万亿美元，同时实行有针对性的财政政策、经济措施和担保计划，以抵消此次疫情带来的社会经济和财政影响。

就经济发展总体水平而言，中国目前仍是世界上最大的发展中国家。但因中国长期坚持对发展中国家提供政治支持和经济援助，在国际上早已享有"天然盟友"的良好声誉。1998 年亚洲金融风暴来袭，2008 年国际金融危机爆发，中国尽最大努力，为许多国家提供了必要的支持和援助。国际社会普遍认识到，现在的中国，不仅继续坚持帮扶广大发展中国家，同时也在为某些发达国家提供力所能及的支持和援助，实际上是在联手整个世界，应对危机，共渡难关。近些年来，因积极而广泛地参与国际减贫活动，中国已成长为推动解决全球扶贫解困的中坚力量。中国的作用和贡献，可谓有口皆碑。

在此次 G20 峰会上，习近平主席建议国际社会加强宏观经济政策协调，共同维护全球金融市场和全球产业链供应链稳定。这些建议如果能够成为世界各国，特别是包括美国在内的发达国家的具体政策，并且能不折不扣地予以执行，那么，通过全球抗疫加强经济合作，重建国际经济秩序，重塑世界经贸格局，打造更高水平的全球产业链供应链，为完善全球经济治理提供新思路，积累新经验，并非没有可能。

2013 年中国倡导和推动的"一带一路"建设，已在许多国家、许多领域取得了普遍受益且举世公认的重要成果。实践已经证明并将继续证明，"一带一路"不但是推动融合发展联动发展的中国策，同时也是合作共赢互利共赢的新范式。"一带一路"持续发展，带动世界各国摒弃社会制度差异，超越意识形态纷争，最大限度地实现发展理念对接、政策法规对接、机制体制对接，对于改善全球治理，应对共同挑战，实现普遍进步与安全，

37

功莫大焉。

然而，新冠肺炎全球大流行，形成势不可当之势，迫使各国政府，包括各种国际组织，不得不将行动重心转移到防控疫情上来，国际经济合作一段时间内不得不以合作抗疫为中心。"一带一路"建设受到了意想不到的冲击。在这种情况下，国内企业面临生产、流通、融资、用工、安全等方面困难和压力，走出去的能力和意愿相应下降，执行境外合同，履行责任和义务的能力也会大打折扣。再加上许多国家已经无力继续推进大规模基础设施建设，"一带一路"新项目新工程此呼彼应的状况难以再现。在这种情况下，美国和西方某些势力借机唱衰"一带一路"前景，歪曲"一带一路"建设本意，抹黑中国企业形象，挑拨中国与合作伙伴的关系，"一带一路"合作中的不测因素和风险有所增大。

对此，我们要有清楚的认识，有足够的准备，要在资源配置、着力方向和政策引导方面，做出新安排，确保"一带一路"建设稳中有进，平稳运行。

鉴于全球抗疫形势依然严峻，世界经济联系断裂加剧，我国经济完全恢复正常尚需时日，推进"一带一路"建设，既要一如既往，砥砺奋进，百折不挠，又要审时度势，因地制宜，趋利避害。其中最重要最核心的指导思想，就是要以去年召开的第二届"一带一路"国际合作高峰论坛精神为指引，坚持稳中求进总方针，在调整行为方向、优化项目质量、提高合作水平、化解意外风险、加强民心相通、服务公共卫生事业、总结推广先进经验等方面花大气力，下大功夫，做大文章。

"一带一路"建设是我国坚持打开国门搞建设的政策体现，是中华民族坚持与世界同行与世界同步的永恒意志，理应也能够在全球抗疫合作，以及抗疫合作引发的经济合作进程中发挥独特作用，作出独特贡献。

* * *

2020 年是中华民族决战小康社会建设、实现全面复兴伟大目标的关键一年，也是国际社会开启新一轮经济全球化、推动全球治理朝着更加理性成熟的方向发展的重要一年。因此，新年伊始，习近平主席即在元旦贺词中庄严宣告：新的一年，"我们愿同世界各国人民携起手来，积极共建'一带一路'，推动构建人类命运共同体，为创造人类美好未来而不懈努力。"

然而，不期而至的新冠肺炎全球大流行，严重地扰乱了我们的总体部署和前进步伐，也打乱了人类社会的共同发展议程。联合国秘书长古特雷斯不久前也就此表示，新冠病毒是该组织成立以来国际社会面临的最大考验。这一人类危机需要全球主要经济体协调一致，采取果断包容创新的政策行动，以及对最脆弱人民和国家提供最大限度的支持。但目前人们看到的是，在全球防疫战如火如荼的同时，国家间的经济战和舆情战已经烽火遍燃。由此产生的以邻为壑、相互仇恨、彼此隔绝的"政治病毒"，以及制造并散布阴谋论的"精神瘟疫"，负面影响与日俱增。

　　面对如此复杂和尖锐的国际形势，以及危及整个人类前途命运的现实挑战，包括中国在内的世界各国，都必须在政策沟通、舆情引导、民意营造方面相向而行，密切协同，彼此配合，形成无比强大的正能量。唯有如此，人类社会命运与共的理念才能真正深入人心，全球抗疫行动才能形成风雨同舟的良性互助，世界才不会分裂为各自为战、离群索居、封闭发展的一个个孤岛！

"世界处于百年未有之大变局",
多角度观察和解读一个重大战略判断

程美东　黄大慧　左凤荣　王　文①

西方发展经验在非西方世界出现"水土
不服",全球权力重心正在逐渐向亚洲转移

主持人：习近平总书记在 2018 年 6 月中央外事工作会议上提出了一个重大论断，即"当前中国处于近代以来最好的发展时期，世界处于百年未有之大变局"。此后，他又多次重申这个论断。请您谈谈这个"大变局"变在哪里？我们应该怎样认识？

王文：首先，"大变局"是对国际格局发生巨大变迁的重大判断。西方出现了自工业革命以来的第一次全面颓势，老牌强国

———————

① 程美东，北京大学习近平新时代中国特色社会主义思想研究院研究员；黄大慧，中国人民大学国际关系学院副院长、教授；左凤荣，中共中央党校国际战略研究院国政室主任；王文，中国人民大学重阳金融研究院执行院长、丝路学院副院长、特聘教授。

41

云集的欧洲已陷入老龄化深渊，社会结构受到多子化的穆斯林与中东涌入的数百万难民的冲击，经济增长长期乏力，领人类启蒙运动与工业现代化之先的欧洲日益成为暮气之地，甚至被称为人类"博物馆"。美国也不再是18世纪末《独立宣言》发表时的那个"美国"，盎格鲁-撒克逊传统在美国出现式微之势。在移民融合中，白人可能会2035年前后在人口比例中降到50%以下。力挺保护主义、民粹主义与孤立主义的特朗普以"退群""砌墙""贸易战"等方式，试图力挽美国霸权之颓势。同时，新兴国家集体崛起，全球政治出现大觉醒，西方发展经验在非西方世界出现"水土不服"，各国根据国情走自己道路之风日盛。国际社会的行为体现出"新中世纪主义"浪潮，非国家行为体如跨国公司、非政府组织、意见领袖，还有"独狼"式恐怖主义者、极端力量甚至智能机器等或好或坏的因素都日趋成为与国家平行的国际形势影响因子。

其次，"大变局"也是对国内治理出现综合难度的重大判断。互联网像打开了"潘多拉魔盒"似的使社会出现了扁平化的治理困境与即时化的管理挑战。中国数千年来一以贯之、自上而下式的垂直社会结构面临冲击，数字化时代的信息拥有人与流量占有者逐渐取代职别高低、财富多少、地位贵贱等传统标准，成为社会权势与运行规则的一个新标尺。互联网使得均衡发展的迫切性急剧增加，但发展主义的陷阱在资源消耗、生态压力面前却暴露无遗，节约型社会的创建与高质量发展的推进对政策的平衡感要求极高，甚至是对数百年来发展哲学理念的突破。中国目前面对着颇大的贫富差距，全面消除贫困成为人类社会发展前所未有过的"奇迹般"任务。与此同时，金融风险也不容忽视，中国是否能够持续保持从冷战结束以来"从未发生过金融危机的大国"纪录，是一种相当严峻的考验。

最后，从全球权力重心的角度看，当下也正处于百年未有之大变局，国际领导力继20世纪初之后再次出现洲际式转移。一战后，全球权力重心从欧洲西移至北美，现在，随着亚洲崛起，全球权力重心正在逐渐向亚洲转移，这反映在亚洲国家的市场活跃度、创新研发投入、工业制造规模、电子商务普及度、移动支付普惠性、基础设施便捷化等方面，甚至还包括时尚、旅游、电影、小说等消费文化行业，亚洲的全球号召力与软实力越来越多地使西方相形见绌，以至于出现了集体性的西方焦虑。

在人类文明演进的"变局"中，中国人的应对意识也经历了一番曲折变化

主持人：如果把视野放到人类文明演进的大格局中，该如何

看待这一"变局"呢？

程美东：从中国近代史来看，1874 年李鸿章在一封奏折里面提到"今则东南海疆万余里，各国通商传教，来往自如，聚集京师及各省腹地，阳托和好之名，阴怀吞噬之计，一国生事，诸国构煽，实为数千年来未有之变局"。李鸿章在这里所描述的变局实际上指出，当时的中国从长期习以为常的内陆文明突然面对浩瀚无际、知之甚微的海洋文明的新世界，这种变化的确是大变。

从目前有确切的文字记载的商朝一直到明朝中后期的中国，可以说应对大变局的意识还是很敏锐的。那么，这个历史之"局"是什么？我觉得就是两点：一是以亚洲大陆为主要范围的地理空间世界；二是以农耕文明为中心的社会活动内容。这两个方面共同构成了古代中国的历史之"局"，也就是李鸿章心中近代之前中国"三千年之局"。那么这个历史之"变"是什么呢？就是从游牧文明向农耕文明之变、从低级农耕文明向高级农耕文明之变。可以说，面对 16 世纪之前 3000 多年那样的历史变局，中国人积极进取、开放包容的变革意识是很敏锐的。

15 世纪末哥伦布发现新大陆，可以说人类世界进入了海洋文明时代，海洋文明时代从空间上打破了人类之间以海洋分割而各自孤立地发展的状态，人类社会从此逐渐进入世界交往和全球化时代。这个时代的世界之"局"也有两点：从空间上来看就是要注重以海洋为枢纽的全球化，从内容上来看就是以工业文明为中心。这个时代之"变"就是如何从农业文明转向工业文明。而在这个时代中国应对世界变局上反应迟钝、应对失误，非但没有引领世界潮流，反而严重落后于这个时代大变局。

进入20世纪，经历过甲午惨败和戊戌维新的失败，再经过义和团运动失败、八国联军侵略，中国人应对现代世界变局的意识越来越清晰和急迫——必须要彻底变革现实，要从制度和文化两个层次来变革才能跟得上时代的变局。

21世纪的世界变局相比20世纪又有了一些变化，这个时代的世界之"局"也有两点：从空间上来看，呈现出从海洋时代向太空时代前行的趋势，从内容上来看，以工业文明为中心转向以信息化为中心。这个时代之"变"就是如何从传统工业文明向现代信息文明转型。应该说，这个变局还不能说是成型的，只是一个方向和趋势而已，但的的确确与20世纪的世界变局不同了。党的十八大以来，我们国家采取了一系列高瞻远瞩的措施，就是敏锐地意识到新时代世界变局的特点而采取的占领战略制高点之策。

近百年来世界的发展变化，一直都是
由大国关系引领并受大国关系发展影响的

主持人：具体来说，这个"百年未有之大变局"是从何开始，如何演变的？从国际关系的角度，该如何看待"百年未有之大变局"？

黄大慧：回首过去的 100 年，国际社会经历了两次世界大战和一次冷战。第一次世界大战是资本主义向帝国主义过渡时期所产生的不可调和的矛盾的结果。1918 年第一次世界大战结束以后，世界权力中心开始从欧洲向美洲和亚洲转移，美国和日本对长期以来欧洲主宰世界的国际格局发起挑战，而在同一时期，世界其他地区基本处于从属地位。第二次世界大战是在反法西斯同盟和法西斯轴心国之间展开的正义与非正义的较量。1945 年第二次世界大战结束以后，欧美列强和日本主导的国际格局不复存在，社会主义的苏联凭借其为二战胜利作出的历史性贡献，在世界赢得威望，中国也以其在二战期间的英勇抗战和巨大牺牲开始在世界政治舞台上崭露头角。

左凤荣：回顾近百年来世界的发展变化，我们看到，国际局势一直都是由大国关系引领并受大国关系发展影响的。20 世纪初，当时经济实力最强的国家是美国，但美国在对外政策上奉行孤立主义，不愿参与世界事务，国际形势的发展由欧洲强国英国、法国、德国、俄国所主导。后起的德国向老牌的帝国主义国家英国和法国发起挑战，于是形成了以英法俄为首的协约国集团和以德奥为首的同盟国集团，1914 年 7 月两大集团在欧洲大陆展开厮杀。战争的结果是挑战霸权的德国遭到惨败，奥匈帝国、奥斯曼土耳其帝国解体，英国和法国虽然取得了胜利，但也遭到了严重削弱，俄国则发生了革命。战争后期参加大战的美国成为赢家，但时任美国总统威尔逊领导世界的计划却不被美国人所接受，实力强大的美国重回孤立主义外交。第一次世界大战后，传统欧洲大国主导世界的格局开始被打破，苏联这个世界上第一个向资本主义发起挑战的国家迅速发展，日本这个"脱亚入欧"的亚洲国家迅速崛起，加上不甘失败的德国努力复兴，大国力量又进入重组时期。20 世纪 30 年代德意日以反共为掩护结成同盟，又向英法发起挑战，挑起了第二次世界大战。第二次世界大战后美国和苏联成为超级大国，这两大强国改变了长期由欧洲强国主导世界历史进程的局面，开始决定世界的发展方向。20 世纪的大部分时间都是在美苏冷战的阴影下度过的。

黄大慧：冷战是以美国为首的资本主义阵营和以苏联为首的社会主义阵营在政治、经济和军事等多个方面的对峙和斗争。1991 年冷战结束以后，美国成为唯一的超级大国，国际格局在经历了短暂的"单极时刻"之后，呈现出"一超多强"的态势。在这一态势下，除了美国是超级大国之外，继承了苏联主要遗产的俄罗斯仍然是唯一拥有能够与美国相抗衡的核武器的国家，作为联合国安理会的常任理事国，俄罗斯在世界政治中的作用也不可低估；欧共体向欧盟的成功发展有力地表明了欧洲是国际政治中的重要力量；以中国、印度和东盟等为代表的亚洲的崛起，同样显示出该地区除了日本以外的其他国家正在确立和发挥他们在世界事务中的重要作用；而占有联合国多数席位的发展中国家作为一个整体对国际事务的影响也不容忽视。

左凤荣：冷战结束后，和平与发展的潮流在加强，经济全球化以加速度的方式快速推进，实现了前所未有的发展。原来脱离世界经济体系的东欧地区加入经济全球化的大潮，欧共体发展成了欧盟，改革开放的中国迅速融入世界，印度、巴西、南非等新兴经济体的影响也越来越大。

美日欧出于地位和心态的不同，对中国
崛起所持态度和立场不尽相同

主持人：那么，在大国关系的引领下，如何认识美日欧等在"百年未有之大变局"中的影响力？面对中国的快速发展，这三方态度如何？

黄大慧：进入 21 世纪以来，国际格局朝着多极化的趋势发展，尤其是 2008 年国际金融危机以后，以美日欧为代表的西方国家的整体实力出现相对衰落，对世界事务的主导能力下降；而以中国为代表的新兴市场国家和一大批发展中国家群体性崛起，进一步改变了国际力量的分配，推动了国际格局向着更加均衡的方向发展。到 2010 年，中国超越美国成为世界制造业第一大国，同年中国超越日本，成为世界第二大经济体。中国的快速发展带来了深远的影响，世界第一次面对一个在意识形态和政治体制上不同于西方国家，同时又在政治、经济和军事等领域全面发展的崛起大国，中国因此成为推动"百年未有之大变局"的关键力量。美日欧作为现行国际体系的主导者和维护者，当然不愿意看到非西方国家的崛起，但这三方出于地位和心态的不同，又对中

国持不同的态度和立场。

对于美国而言,从 20 世纪 90 年代开始执行了一种"接触加遏制"的两面下注的对华政策。但是,随着中国实力的上升,美国"接触加遏制"政策中的接触力度减小、遏制力度加大。尤其是特朗普政府在 2017 年底发布的首份国家安全战略报告,明确将中国确定为战略竞争对手,再加上美国实行的经济单边主义和贸易施压政策,更使中美关系面临着更多的不确定性和不稳定性,也对整个世界格局的变迁产生着微妙的影响。

对于日本而言,中国的崛起使得日本自 1968 年以来作为世界第二大经济体的时代终结,也改变了近代甲午战争以来日本在东亚地区的优势地位。中日两国国力的此消彼长带来了中日关系的结构性变化,也导致了日本对中国认知的变化,日本开始视中国为竞争对手。因此,日本一方面加强对中国的"硬制衡",包括增强自主防卫力量,强化日美同盟,通过经济援助等手段拉拢东南亚国家,另一方面加强对中国"软制衡",包括打造"日美印澳"价值观联盟,通过制度和规则来"规范"中国,在全球发动针对中国的"国际舆论战",造成两国关系持续紧张。当然,日本在"制衡"中国的同时,也不得不采取"协调"策略,寻求从中国经济发展中获利。

对于欧洲而言,欧洲在经历了几次格局变迁之后,对于自身实力地位和发展目标有了清晰的认知，对待中国崛起也比美国和日本更加坦然和务实，所以，欧洲一方面会跟随美国和日本压制中国的崛起，另一方面也会抓住中国崛起带来的机遇，促进自身的经济发展。这在以英国为代表的欧洲国家不顾美国劝阻而加入中国倡导的亚投行过程中表现得尤为明显。

中国已经成为影响当今世界大变局的重要因素

主持人：那么，这样的"百年未有之大变局"对中国会产生哪些影响？

左凤荣：2008 年发生的国际金融危机是一个转折点，全球化进程受到质疑。这次危机凸显了发达资本主义国家内部固有的矛盾。那些追逐利润的资本家享受着全球化的最大红利，他们把企业和资金转移到劳动力成本更低的发展中国家以获得更大的收益，造成了老牌工业化国家产业的空心化和贫富差距拉大。这种不公平为民粹主义的发展提供了土壤。正是在这一背景下，有了英国的脱欧和美国"政治素人"特朗普当选总统。特朗普认识到了美国在走下坡路，他要改变这种情况，以让"美国再次伟大"为目标，搞"美国优先"。于是，特朗普以单边主义代替多边主义，以贸易保护主义代替自由贸易原则，频繁退出美国起主要作用的多边国际组织，旨在不受约束，凭借自己的力量重塑对自己有利的世界，改变了冷战结束以来高歌猛进的全球化进程。

在后冷战的全球化时代，中国是发展进步最快的国家。把中国与俄罗斯做对比的话，看得更清楚。中俄都是大国，同为转轨国家，中国人口多于俄罗斯，但俄罗斯资源比中国丰富得多。在中俄百年交往中，无论是俄国还是苏联，其国力一直都在中国之上，中国在大多数时间里处于被动的地位，中国因此失去了大片领土。进入 21 世纪以来，中俄两国的国力实现了历史上第一次大反转，中国和美国同为 GDP 超过 10 万亿美元的国家，而俄罗斯的 GDP 仅相当于中国的十分之一。美国抱怨其制造业向新兴国家转移，导致美国"锈带"蓝领工人失业严重，是中国的成功使美国中产阶级、传统制造业地区"铁锈带"成为全球化的失败者。美国人的说法显然是片面的。实际上，这是全球产业分工发展的结果，但这从另一个侧面也说明中国的实力增强了，中国的改革开放取得了巨大成功。

未来的世界在一定程度上取决于中美两大强国如何相处，从这个意义上讲，中国已经成为影响当今世界变局的重要因素。从20 世纪发展的历史看，美国遏制和打压可能与之竞争的强国是其一贯的政策，美国对华发起贸易摩擦并不奇怪。但是，中国的发展并不取决于美国，而取决于中国政府和中国人民。

第一，中国有近 14 亿人口，人口数超过发达经济体国家的总人口数，中国人年均国民收入接近 9000 美元，这意味着中国有容量越来越大的市场。世界上任何国家都不会无视这个市场的存在，美国的企业家也不会都听任特朗普指挥，特斯拉到中国设厂就是明证。因此，美国的贸易战不会吓倒中国人，更无法阻止中国的发展。

第二，中国坚持走与世界各国合作之路，构建开放型经济，得到了世贸组织成员国的拥护。美国的贸易保护政策不得人心，2018 年 4 月，国际货币基金组织发布的《世界经济展望》报告，指出关税和非关税贸易壁垒的增加将破坏全球价值链，减缓新技术的扩散，并将导致生产效率和投资下降，加剧全球产业链低效化的风险。中国努力加强与世界各国在多边框架下的合作，推动贸易和投资自由化便利化，推动经济全球化朝着更加开放、包容、普惠、平衡、共赢的方向发展。

第三，中国不会受中美贸易摩擦的影响，而是坚持走改革开放之路。改革开放促进了中国的发展与进步，也是中国国力增强的法宝，中国自然不会放弃。自 2018 年 4 月以来，中国明显加大了改革开放力度，降低关税、促进投资便利化、扩大开放领域、实行供给侧结构性改革等。2018 年 9 月 30 日中国国务院关税税则委员会宣布自 11 月 1 日起降低部分商品进口关税,降税商品共涉及 1585 个税目,约占中国税目总数的 19%,平均税率由 10.5%降至 7.8%,平均降幅为 26%,中国的市场越来越开放。美国民众很快会发现,贸易摩擦并不会给美国带来"让美国再次伟大"的繁荣,而是让美国丧失了在中国这个大市场的不少机遇,那时他们将体会到经济规律的作用强于政治家的意志。

世界正进入一个高度不确定的时期,中国是世界稳定的重要力量。中国人清楚中美关系的重要性,我们始终坚持构建与美国不冲突、不对抗、相互尊重、合作共赢的新型大国关系,我们也相信中美关系不会回到美苏对抗的冷战时期,因为中国不是苏联,中美关系有良好的社会基础。尽管特朗普政府不断升级对华贸易战,把中国说成是美国问题的根源,但各种民调显示,美国民众对中国人民的好感并没有明显变化。美国需要学会与一个日益强大的中国打交道。无论美国怎么看中国,中国都会保持自己的战略定力,把自己的事办好,继续深化改革、扩大开放。

如何应对"百年未有之大变局"

主持人:在"大变局"的今天,中国该如何应对新形势?

有哪些时代课题需要我们去解决？

左凤荣：中华民族有 5000 多年的文明史，我们爱好和平，决心要走出一条大国崛起的新路，走和平发展的道路，把推进构建人类命运共同体作为自己的外交目标。在 2018 年 6 月召开的中央外事工作会议上，习近平总书记指出，把握国际形势要树立正确的历史观、大局观、角色观，这为我们看待世界和中国提供了科学的方法。中国人相信历史的大潮在滚滚向前，经济全球化的趋势不可阻挡，相信第二次世界大战后建立的以联合国为核心的国际政治经济秩序是全球稳定的基础，相信中国有力量能使国际局势朝着公正合理的方向发展。中国人民善于把外部的压力变成发展的动力，只要中国坚持正确的发展方向，世界局势就会减少不确定性，中国会为自己的发展创造更有利的条件。

王文：中国崛起面临的复杂挑战，超过过往 500 年大国兴衰过程中的任何一个大国。中国要克服的不只是美国作为霸权国的压制、围堵与老牌传统大国的竞争、博弈，力求不陷入大国竞争的"修昔底德陷阱"，还要防止新型全球化下强势个体、跨国公司、国际组织的"分权"与各类后现代主义思潮的社会渗透，保持国家主体性与民族认同感的延续与稳定。

在这种前所未有的复杂形势面前，中国人需要主动谋势，洞悉未来，既要进一步加大开放力度，继承优秀文化，学习先进技术,解放中国的国际行动力,防范"国际分权"趋势下对国家主体的消极冲击,强化中国人领衔新型全球化的实力,还要善于处理与传统强国的关系,以求得最大公约数态度改革并完善国际规则,利用"一带一路"倡议强化与非西方世界的互动,推动新型国际关系的构建,最终实现人类命运共同体的建设。在这个过程中,中国最需要突破和消除的是西方国际关系理论的桎梏与千年来传统本土思想消极一面的影响,透析西方实践,立足长远布局,贡献中国智慧。

在这些国家治理前所未有的新变量之前,中华民族伟大复兴面临的挑战不只是外部因素,更是内部治理范式的变迁。人们会猛然发现,可能使发展盛况"一夜回到解放前"的,不一定都是来自外部的战争、冲突或天灾,也有可能是内部的社会失序或金融危机。在互联网时代,如何克服国家脆弱性的爆发,强化社会的坚韧性,成为当前中国国家治理现代化的迫切难题。

历史地看,18 世纪前荷兰、葡萄牙、西班牙等国崛起时,人口仅百万级,充其量是当下中国一个"县"的崛起;19 世纪英国、法国等国崛起时,人口仅千万级,充其量是当下中国一个"市"的崛起;20 世纪美国、苏联、日本等国崛起时,人口是亿级,充其量是当下中国一个"省"的崛起。而中国 40 年改革开放的伟大进展创造出来的影响"吨量",相较于过去,无异于原子弹与炸药之别，而带来的治理难度也是前所未有的。

主导西方社会科学理念的自由主义与保守主义、左与右、政府与市场、专制与民主、宽松与紧缩等简单两分法，已无法概括目前中国国内治理的现状。对此，中国人对现实的把握与学习变得比任何时候都更重要，理论超越与创新变得比过去任何时代都更紧迫。

习近平总书记在 2019 年新年贺词中再次指出，"放眼全球，我们正面临百年未有之大变局"。当"学习大国"，是应对这一"大变局"的最好提示。这不只是对国际变局新动向的追踪与把握，更是对国内治理新问题的改革与应对。"干中学"的精神，是这种应对方式的体现与聚化。在这方面，新时代中国人任重而道远。

（主持人：肖楠；原载《北京日报》2019 年 1 月 14 日）

论"百年未有之大变局"的
时代内涵与治理逻辑

郭树勇　丁伟航[①]

冷战结束前后，发生了一系列重大事件，比如两德统一、东欧剧变、苏联解体，传统上的国际格局由两极格局向多极格局转变，当时的人们普遍地认为，世界秩序发生了翻天覆地般的巨变。然而，又过了 30 年，人们逐渐意识到，"百年未有之大变局"还不仅仅限于上述国际现象。如果从欧洲中心主义的角度看，"百年未有之大变局"就是苏联解体、两德统一和亚太地区的崛起；如果从美国中心主义的角度看，"百年未有之大变局"就是"美国治下的和平"成功取代"英国治下的和平"，并得以维持半个世纪，登峰造极的美国"单极时刻"已经到来，"历史的终结"或是"文明的冲突"时代正在到来。在国际关系多极

①　郭树勇，上海外国语大学国际关系与公共事务学院教授；丁伟航，上海外国语大学国际关系与公共事务学院博士研究生。

化、民主化深入发展的今天，无论是欧洲中心主义还是美国中心主义，都不能全面地抓住国际政治变迁的本质。认清当前世界变局，需要补充以东方国家的视角，站在全人类利益高度加以鸟瞰。从东方国家和全球政治的视角视之，国际政治中的"百年未有之大变局"有大相异趣的含义。

一、东方国家普遍复兴并走向世界舞台的中心

在古代历史上，东方国家本来长期处于世界舞台的中心。在文艺复兴和欧洲崛起之前，中华帝国、奥斯曼土耳其帝国、莫卧儿王朝等代表了东方国家统治世界的主要政治力量。所谓的大航海时代和工业革命之后，经济全球化成为欧洲崛起和殖民扩张的重要战略机遇和依托形势，大量的西方贸易国家兴起，欧洲及其北美成为世界政治舞台的中心。从 17 世纪到 20 世纪的近 400 年里，西方通过殖民压迫、商业战争、不平等条约等方式征服了东方世界的几个帝国，建立了世界性的殖民体系，通过帝国主义、民族压迫、文化侵略等军事政治文化安排使得东方从属于西方、封建主义经济从属于资本主义经济、民族的文化从属于盎格鲁—撒克逊文化。

从国际政治的角度讲，从 1919 年至 2019 的 100 年里，人类社会经历了四次重大变化。一是爆发了第二次世界大战和冷战，其结果是世界性殖民体系的全面崩溃。自上世纪 20 年代起，国际关系呈现出对立的两个发展方向：一方面部分欧洲强国仍试图重申自己的传统霸权，希特勒试图确立德国在欧洲大陆的霸权，正是这种霸权意志最激烈的体现[①]；另一方面，第一次全球性的经济危机爆发[②]，这场危机始于凡尔赛体系下的德国战争赔款问题，历时四年，波及面极广，破坏特别严重，激化了资本主义制度内部矛盾。为摆脱这一危机造成的后果和影响，在法西斯主义和军国主义势力的推动下，德国、日本和意大利迅速对外侵略扩张，变成了战争策源地，在此过程中相互勾结，结成了法西斯同盟。但由于英、法、美的绥靖政策，法西斯国家侵略扩张的欲望愈益膨胀。[③] 在此背景下，国际社会中战争危机不断加深，日本法西斯在亚洲发动的全面侵华战争，是第二次世界大战的前哨战。纳粹德国对波兰的入侵，则导致第二次世界大战的全面爆

---

① 黄玉章等著：《第二次世界大战》，世界知识出版社 1984 年版，第 10—13 页。

② 1929 年 10 月 29 日，美国股市价格狂跌，这是经济危机爆发的正式标志，不久后蔓延到加拿大、日本和整个欧洲。

③ 刘为主编：《国际关系史》，浙江人民出版社 2004 年版，第 239—241 页。

发。二战的终结不仅摧毁了法西斯主义，也重创了英、法等殖民帝国，更进一步宣告欧洲的世界霸权的结束。战争彻底打破了以维持欧洲均势为中心的传统国际关系格局，代之以雅尔塔体系。这一全球性国际关系体系首要表现为以美苏为首的两大阵营在全球的对抗和争霸，也即两极格局。冷战爆发后，欧洲的进一步衰落标志着世界殖民体系的迅速瓦解。[①] 从 1945 年到 70 年代中期，几乎所有前殖民地国家均获得独立。[②]

二是在全球范围内诞生了多个社会主义国家，彻底改变了世界政治的性质与地图，形成了资本主义国家、社会主义国家以及民族主义国家等多种世界性政治力量竞争共存的局面。 1917 年 11 月 7 日，俄国十月社会主义革命胜利，改变了整个世界历史的方向，划分了整个世界历史的时代。[③] 国际社会不再是一个唯一的世界资本主义体系，而是在最大面积的资本主义国家突破了帝国主义战线，出现了一个崭新的社会主义国家。它沉重地打击

[①] 世界殖民体系的瓦解，一方面是殖民地人民长期不懈的民族独立斗争的结果，另一方面也是英法等老牌殖民国家的"非殖民化"过程的结果。参见刘为主编：《国际关系史》，浙江人民出版社 2004 年版，第 327—328 页。

[②] 战后民族独立浪潮持续了近 30 年，经历了两个高潮。第一个高潮从 1945 年起延续到 50 年代末，中心区域在亚洲，并延伸到北非，先后有 20 多个国家独立。第二个高潮兴起于 60 年代初，一直延续到 70 年代中期，浪潮的中心是非洲，并扩及加勒比海地区和太平洋地区，此间有 70 多个国家先后获得独立。

[③] 《毛泽东选集》第二卷，人民出版社 1991 年版，第 667 页。

了世界资本主义体系，从根本上动摇了帝国主义的统治，并提供
了革命胜利的基本经验，开辟了世界无产阶级革命的新时代。在
十月革命的影响下，大战期间发展起来的西欧工人运动和东方的
民族解放运动不可阻挡地高涨起来。① 尽管德国、匈牙利的苏维
埃政府②短期内被镇压了，但各主要资本主义国家共产党的建
立，特别是 1919 年 3 月共产国际的成立，对世界无产阶级革命
运动和国际关系的发展都有着重大的影响。在当时的形势下国际
关系出现了新的基本矛盾，即社会主义和资本主义的矛盾。这一
基本矛盾加深了帝国主义的各种矛盾，影响着国际力量对比的变
化。一战后国际关系的一个重要现象，是民族资产阶级和无产阶
级分别领导的两种类型民族解放运动的并存和同时发展。虽然相
比之下，民族资产阶级领导的民族解放运动具有很大的局限性和
不彻底性，但许多国家的民族资产阶级同帝国主义、封建主义有
着深刻的矛盾，因而与西方国家已经腐朽的资产阶级不同，乃是
一个向上发展的革命阶级，在一定时期内，无论在政治上、思想
上，还是组织上都占有比较优势，能够领导民族解放运动取得胜
利。然而无产阶级领导的民族解放运动是在十月革命影响下出现

① 王绳祖主编：《国际关系史》，武汉大学出版社 1983 年版，第 286 页。
② 1918 年在匈牙利、德国和奥地利的许多城市和地区，无产阶级建立了
革命政权。参见杨穆：《国际联盟》，商务印书馆 1963 年版，第 4 页。

的新事物，为被压迫民族指明了彻底解放的道路。在这方面，中国革命一直走在前面，提供了丰富经验。①

三是美国与英国实现了所谓的世界性权力转移，美国取代英国成为世界上最为强大的国家，以不断创新的理念与方式建立了所谓的近一个世纪的"美国治下的和平"。英美关系在 19 世纪末 20 世纪初经历了双边关系极为重要的一次转折，以和平的方式在美洲完成了权力转移。② 此前，英帝国凭借 17 世纪以来的政治体制改革、海军的发展、殖民地的开拓和工业革命的先机，先后击败欧洲各大帝国③，建立起自己的世界霸权。④ 从 19 世纪后期起，有能力对英帝国霸权发起挑战的只有两个新兴的帝国主义强国——德国和美国。相同的是，德国和美国都通过发展经济，打造经济上与英国争夺霸权的实力基础；不同的是，德国不愿与英国分享霸权，直接通过武力手段进行挑战，但两次都在世界大战中被英国及其盟国击败，只得放弃争夺霸权的企图。而美

---

① 王绳祖主编：《国际关系史》，武汉大学出版社 1983 年版，第 342 页。

② 颜震：《英美在美洲权力和平转移的原因分析》，《史学集刊》2013 年第 3 期。

③ 其中最有代表性的是 1688 年英国—西班牙海战、17 世纪中后期的三场英国—荷兰战争、1756—1763 年的七年战争和 1803—1815 年的拿破仑战争。英国通过打败西班牙与荷兰，夺取了海上霸权；通过打败法国，夺取了法国在北美和印度的殖民地，挫败了法国建立欧洲大陆霸权的企图。

④ ［美］肯尼迪著，王保存等译：《大国的兴衰：1500—2000 年的经济变迁与军事冲突》，求实出版社 1988 年版，第 184—193 页。

国似乎并不急于挑战英国霸权，更愿意经营西半球的"后院"，但在欧洲战火燃起之际，美国又不得不先后两次对英国伸出援手，打败了挑战者德国。这看似与以往大国成长的规则不同①，次强的国家总是会联合起来对抗霸权国，拿破仑战争正是如此。但实际情况是：美国和德国的经济实力均已经超过了英国②，美国成为经济上的世界第一强国。更重要的是英国是两次世界大战中的严重受损者，国内经济遭到严重破坏，不但资金匮乏问题突出，也使伦敦的国际金融业务向受战争影响较小的美国纽约和瑞士苏黎世市场分流。而美国是战争真正的获益者，国际性资金借贷和资金筹集活动在战争中大规模向纽约市场转移，使之成为最大的国际资本流动市场。所以，纽约成为世界三大国际金融中心之一。③ 英国打赢了战争，挫败了德国的挑战，却失去了霸权和

---

① 从大国兴衰的历史事实看，战争几乎伴随着每一次大国成长，因为它直接服务于物质性成长；而合法性战争伴随着几乎每一次成功的大国成长，因为它不但服务于大国的物质性成长，而且服务于社会性成长。具体参见郭树勇：《大国成长的逻辑：西方大国崛起的国际政治社会学分析》，北京大学出版社2006年版，第119页。

② 全球大国由政治、经济贸易、金融、军事四方面构成。英国最早失去经济贸易全球大国的地位，第一次世界大战前英国就不再是经济贸易上的世界第一大国。布尔战争和第一次世界大战使英国军事力量遭受巨大损失。在1945年确立布雷顿森林体系之时，英国最后失去了金融的优势地位。参见谢为著：《跑赢美国：全球大国之路》，广东世界图书出版有限公司2016年版，第12页。

③ 邢天才主编：《金融市场基础》，中国财政经济出版社2005年版，第7—8页。

帝国；美国则在打败德国的同时，从英国手里接过了霸权，后来又在冷战中拖垮苏联，成为唯一的超级大国和霸权国家。①

四是两次建立两极格局的努力均告失败，多极化格局从欧洲向全球扩展。第一次世界大战后，以英法为主导建立起战胜国体系形成了国际政治的一极，以战败国和被防范的苏联等国家为国际政治的另外一极，这个短暂的两极格局由于美国与苏联的体系外活动特别是世界性经济危机②的爆发，而很快结束了。冷战开始后，美国与苏联各代表两股世界性的政治力量，形成了两大政治力量中心，但是由于核力量的多元化发展、发展中国家经济力量的不断提升、社会主义与资本主义阵营内部的分化等因素，美苏缺乏共同统治世界的力量，不得不各自收缩战线，出现了美苏之间的大量中间地带。1946 年 8 月，毛泽东会见美国记者安娜·路易斯·斯特朗，首次明确提出"在美苏之间存在着由欧亚非许多资本主义国家和殖民地、半殖民地组成的广阔的中间地带，美国在压服这些国家前是谈不到进攻苏联的"。1963 年至1964 年，毛泽东明确了"中间地带有两部分"的观点，指出："一部分是指亚洲、非洲和拉丁美洲的广大经济落后的国家，一

---

① 潘兴明、高晓川：《帝国治理：关于世界秩序的历史研究》，上海人民出版社 2014 年版，第 257—258 页。

② ［美］金德尔伯格著，宋承先、洪文达译：《1929—1939 世界经济萧条》，上海人民出版社 1986 年版，第 110 页。

部分是指以欧洲为代表的帝国主义国家和发达的资本主义国家。这两部分都反对美国的控制。在东欧各国则发生反对苏联控制的问题。"在这里,毛泽东看到了中国与"中间地带"所具有的共同点。①

上述四个方面的重大变化,都有一个共同的政治后果,就是东方国家的群体性兴起。正是世界大战造就了社会主义革命的时机,而革命则解放了被压迫民族和殖民地人民,导致了中国、印度、土耳其等东方国家成立了独立的多民族国家,使得国际社会中的主权国家数目由 20 多个增长到近 200 个,其中大多数国家都不是欧洲国家。社会主义国家与资本主义国家的政治斗争具有重要的世界意义,它削弱了帝国主义特别是帝国主义国家中的西方七国的政治力量,鼓舞了大量的民族主义国家的政治自信,推动建立了社会主义制度的中国、越南、古巴、朝鲜、老挝等国家在东方世界的崛起中发挥重要作用。美国取代英国成为世界秩序的主导者,虽然不能改变帝国主义世界秩序的本质,但是美国毕竟与英国有所不同,美国的崛起让欧洲中心主义发生变化,将世界政治的重心从欧洲转移到了美洲,美国不可能总是将欧洲事务作为对外关系的优先地带,由于美国要致力于建立美洲人治下的

---

① 张历历:《当代中国外交简史》,上海人民出版社 2015 年版,第 71 页。

美洲，因此不可避免地将南美洲和东太平洋等作为战略要地，客观上促进了亚太地区战略地位的上升，有利于太平洋沿岸的东方各国的经济发展。而两次两极格局化的失败，宣告了以欧洲传统政治思维解决国际秩序问题的困难，预示着国际关系多极化和民主化有着内在的联系，东方国家的崛起只是时间问题。冷战中后期，中美苏、美欧苏、中美日、美苏法等多种三角关系不断变化，以印度、南斯拉夫、埃及等为代表的不结盟运动蓬勃发展[①]，东方国家从政治上开始成为独立的政治力量。

二、国际治理日益成为主导的国际政治方式

国际治理就是国际关系的多元主体采取合作的方式处理国际事务。国际治理的理想与实践一直存在，但是上升为国际政治的主要方式，还是近来的事情。我们今天讲的国际政治、国际关系，其实都是发源于欧美政治，都是在一定的国际社会框架内进

---

① 樊勇明：《西方国际政治经济学》，上海人民出版社 2017 年版，第 345 页。不结盟运动成员最初主要强调争取和平，反对战争，反对参加大国军事对峙的政治军事同盟，维护国家主权和独立。但是广大发展中国家很快认识到，政治独立与经济自主是紧密相连的，必须争取一个稳定和相对有利的国际经济环境。

行的。运用权力政治的办法，还是国际治理的办法，在西方思想界和政治界内部是有长期的分歧的。西方语境中的权力政治，是国家内部以君主为核心的强权统治，加上对外关系中追求国家利益最大化，但是同时，还要遵守均势的原则。西方语境的国际治理，是重视国际组织特别是非政府组织在一些非政治领域中发挥一定的作用，重视国际治理是以承认国家特别是国家联盟、霸权国家在国际事务中的主导作用为前提的。权力政治与国际治理对于国际政治的意义，就是国家与社会对于国内政治的意义。权力政治的核心思维是强权统治、非此即彼、零和博弈。国际治理的核心是各种行为体都发挥一定的作用，实行一种集体的安全观、各得其所的发展观以及和平共处的文明观。权力政治是以物质力较量为主要内容、以国际等级社会为社会基础、以统治集团的绝对权威为保障的，而国际治理则是以软实力较量为主要内容、以国际多元平等社会为社会基础、以统治集团的相对权威为保障的。以权力对抗权力是国际政治的传统而比较有效的方式，虽然在古代帝国之间普遍存在，但是在近代的欧洲被发挥到淋漓尽致的程度，以至于带上了欧洲文化的色彩，甚至被认为是现代政治的部分规定性，因此，摩根索、沃尔兹等认为用非体系性战争来维护国际体系的稳定、避免体系性战争，而布尔等人曾经把战争作为国际社会的六种运作机制之一。现在看来，这种认识还停留在欧洲国际社会的经验上，根本上是地方性知识。但是，西方学者长期以来仍然把它作为普世性知识，顽固地坚持权力政治的思维方式。然而，在欧洲国际社会扩展至全球性国际社会的过程中，这种经验与认识的局限性就暴露出来了，资本和资本主义将战争从地方性战争扩展成世界大战，而人类社会在新的国际政治形式和政治体制机制没有产生之前，是不可能遏制住世界大战的爆发的。西方国家幻想的"结束一切战争的战争"——第一次世界大战仅带来了 20 年的"和平"，第二次世界大战就爆发了；第二次世界大战结束后不到 20 年，又发生了古巴导弹危机，冷战接近世界大战的边缘。用国际治理而非权力政治的立场与观点对待国际政治，是人类在 20 世纪四次深刻政治反思的后果之一。

（一）对于第一次世界大战的反思

早在 19 世纪，国际社会对于世界大战的战火就保有高度的警惕，为废止战争而做的各种努力可以遵循四个不同的线索去追溯，即主张各国在关系共同利益的问题上进行合作，建立协调欧洲的组织，建议在解决国际争端上应用国际法上的仲裁方法，以及创立和平协会号召废止战争等等。① 但是这些为制止战争而做的努力对各国影响并不大。战前国际关系中无政府状态的灾难性

---

① ［英］华尔托斯著，汉敖、宁京译：《国际联盟史》（上卷），商务印书馆 1964 年版，第 10—14 页。

后果，导致了战后一个大胆的尝试，即建立国际联盟来捍卫国际和平和正义。[1] 国际政治权力中心已不再单纯地集中于中西欧，而开始向北美转移；当一战进行到第四个年头，各国人民正陷入水深火热之中的时候，新诞生的苏维埃俄国亦对旧秩序提出了强烈的挑战。1917 年 11 月 8 日，世界第一个无产阶级专政国家的政府，公布了一项和平法令，它向一切交战国家的人民和政府，建议立即进行和平谈判，订立不割地（即不侵占别国领土，不强迫合并别的民族）不赔款的民主合约。[2] 1918 年 1 月 8 日，威尔逊在国会演讲中针对苏俄的各项和平建议，提出了被称为"世界和平的纲领"的"十四点计划"。[3] 这个文件以及同年 10 月威尔逊的顾问豪斯[4]上校委托李普曼和科布草拟的对"十四

---

[1] 第一次世界大战的战胜国以《国际联盟盟约》为国际法的主要依据，构建了战后的国际秩序。William C. Widenor, Henry Cabot Lodge and the Search for an American Foreign Policy, Berkeley: University of California Press, 1980, pp. 326-327.

[2] 杨穆：《国际联盟》，商务印书馆 1963 年版，第 4 页。

[3] 有观点认为，威尔逊的"十四点计划"以"正义和平"为名，实际上是为美帝国主义的扩张谋取利益，建立美国的世界霸权；并且企图用以抵消苏维埃俄国和平建议所产生的巨大影响。见杨穆：《国际联盟》，商务印书馆 1963 年版，第 6 页。

[4] 1915 年 12 月 24 日，威尔逊在给豪斯的关于调解的指令中，第一次提到国际联盟："我们只关心未来的世界和平，只对此作出保证。唯一可能的保证是（A）陆军和海军的裁军以及（B）一个确保每一个国家都反对侵略和维持海上绝对自由的国际联盟"。参见 Charles Seymour, ed., *The Intimate Papers of Colonel House*, Vol. 2, Boston & New York: Houghton Mifflin, 1926, pp. 109-110。

点"的注释，集中体现了美国对战后国际秩序的设想。①

一战的持续性及其残忍性逐渐激起了各国人民以及很多政治家的厌战心理，欧洲长久以来关于废止战争和平解决国际争端的各种构想，开始得到各界的支持。一些支持建立国联构想的政治团体先后成立，例如 1915 年英国成立的国际联盟协会（the league of nations society），美国成立的强制和平同盟会（league to enforce peace）。② 国际社会对国际政治进行了深入的反思，最终提出了建立国际联盟③、废除秘密外交等一系列措施，希望通过前者发挥国际组织的作用制约强权政治的任性，希望通过后者发挥人民对于政府外交的监督制约专制外交的任性。从一定的意义上讲，全球治理从一战之后就开始了，一些国际人士甚至部分国家都开始认识到，必须以国际治理的方式来处理国际事务、建设世界和平，但是掌握国际治理话语权和制度权的英法等国，仍然以权力政治的方式运作国际治理，国际联盟等国际组织成为权力政治的工具，国联的真正目的是保证英法帝国主义的霸权，巩固

---

① 李楠主编：《世界通史》（第 15 卷），河南大学出版社 2006 年版，第 3505—3507 页。

② 崔海波、陈景彦：《国联和平解决国际争端机制研究》，《史学集刊》2011 年第 3 期。

③ 1919 年 6 月 28 日签订的《凡尔赛和约》，于 1920 年 1 月 10 日生效，因而作为和约组成部分的国际联盟也同时生效。见杨穆：《国际联盟》，商务印书馆 1963 年版，第 12 页。

凡尔赛体系，反对战败国方面修改合约的企图。国联最初不准战败国参加，同时还要镇压世界无产阶级的革命运动和殖民地附属国的民族解放运动。[①] 此外，由于美苏不在国际联盟的框架之内[②]，国际联盟的制度设计缺乏操作性和有效性，加之英法实施国际治理的决心与自律不足，国际治理发挥的实际作用不大，甚至被讥笑为"空想"。因此列宁早在 1920 年时就已指出："……国际联盟只是纸上的同盟，而事实上这是一群互相厮杀、彼此毫不信任的野兽。"在国联成立 11 年后，日本无视国联的存在，为实现自己的国家利益发动"九一八事变"。[③] 战争与危机的到来使得权力政治重新成为主导的国际政治模式。

（二）对于第二次世界大战的反思

国际联盟失败了，但是国际治理并没有失败，它的理念及制

① 英国首相劳合·乔治公开承认它是"防止布尔什维克主义的唯一方法"。美国国务卿蓝辛也强调指出，国联是拒绝革命政府参加的。详见杨穆：《国际联盟》，商务印书馆 1963 年版，第 15 页。

② 美国的垄断集团本来企图通过国联来达到建立世界霸权的目的，但是国联从建立的一开始就被英法帝国主义所操纵。国联所规定的委任统治制度，使德国所有的殖民地和土耳其在中近东的领土都被英、法、日、比等帝国主义国家瓜分了，美国却什么也没有得到。所以尽管美国总统在凡尔赛和约上签了字，但事后美国国会没有批准，并且拒绝加入国联。英法帝国主义以苏芬战争为借口，于 1939 年 12 月间召开国联大会，谴责苏联"侵略"，12 月 14 日，国联行政院匆匆开会，通过了把苏联开除国联的决议。参加杨穆：《国际联盟》，商务印书馆 1963 年版，第 48 页。

③ 有关国际联盟对"九一八事变"的处理，参见徐蓝：《英国与中日战争：1931—1941》，北京师范学院出版社 1991 年版，第 2 章。

度成果并没有因为二战的到来而湮灭，反而成为对于第二次世界大战的政治反思的基础。二战之后的国际政治反思内容广泛，消灭军国主义①、法西斯主义、种族清洗等反人类罪行的土壤，强调人民主权对于政治极权的制约。早在 1941 年 12 月 4 日，苏联同波兰的友好互助宣言中首次指出"在战争胜利以及适当地惩罚希特勒战犯以后，盟国的任务是保障持久的和公正的和平。只有建立一个在联合各民主国家为持久联盟的基础上的新的国际组织，才能达到这一目的"。1942 年 1 月 1 日苏、美、中等 26 国签订了反对法西斯国家侵略的《联合国家共同宣言》。② 建立联合国的第一步，是 1943 年 10 月 30 日在莫斯科签订的"中苏美英四国关于普遍安全的宣言"，同年 12 月德黑兰宣言重申应成立这样一个国际组织。克里米亚会议决定，由苏、美、英、中四国发起邀请《联合国共同宣言》的签字国。③ 最终在旧金

---

① 冷战后，单极世界格局为美国军国主义提供了绝好的国际环境。从历史上看，美国军国主义的兴衰也有规律性，其周期大致是五十年，这与国际格局变迁规律大致符合；而且每当美国国力上升幅度比较大，国际环境相对十分有利于美国发挥国际警察作用时，美国的军国主义就容易发作……一旦其实现最大化霸权和世界秩序的要求得不到满足，就会容易推行单边主义政策，伺机用武力来征服世界。参见郭树勇：《战争合法性与美国军国主义》，《博览群书》2003 年第 5 期。

② 当时还不是一个国际组织，而是对法西斯国家进行战争的各国的总称。参见郭群著：《联合国》，世界知识出版社 1996 年版，第 1 页。

③ 克里米亚会议通过了一项体现五大国一致原则的安全理事会表决程序。

山会议上，以敦巴顿橡树园会议建议案①为基础，制定《联合国宪章》。

二战后，在国际治理方面加大联合国等国际组织的力度，通过国际法、国际执法、大国一致原则等做法，改良权力政治的国内社会和国际社会环境。其中，大国一致原则将制裁侵略的权力集中于安理会，除程序事项以外的一切决议都必须获得五个常任理事国的一致同意以后才能通过。② 这反映了二战结束时的世界政治力量对比，体现了大国的协调与合作，从内部机制上有利于保证集体安全。③ 虽然美苏两大国常常在联合国安理会动用否决权（可参见下表），使得国际社会的集体安全行动无法实施，但是，这至少从侧面反映了一种新的政治思维的兴起，这种否决权的实质是国际治理的思维与方式，否决权的存在为维护以联合国为核心的国际体系的稳定，维护居于弱势地位的发展中国家的利益起着重要作用，它总比退出联合国等集体安全体系，运用单边主义的方式解决国际问题要好得多。

---

① 敦巴顿橡树园会议一致通过了《关于建立普遍性国际组织的建议案》，并且建议这个国际组织取名为"联合国"。按照规定，安全理事会负责维护国际和平的主要责任，由五个常任理事国和六个非常任理事国组成。

② 郭群：《联合国》，世界知识出版社1996年版，第102页。

③ 徐蓝：《国际联盟与第一次世界大战后的国际秩序》，《中国社会科学》2015年第7期。

表1　1946年2月16日至2019年2月28日安理会常任
理事国联合在公开会议上所投的否决票

国别 ＼ 时间	1950—1959	1970—1979	1980—1989	2000—2009	2010—2019	合计
中俄联合行使否决权	0	0	0	2	7	9
英法联合行使否决权	2	0	0	0	0	2
美英联合行使否决权	0	2	7	0	0	9
美英法联合行使否决权	0	9	7	0	0	16

资料来源：根据联合国官方网站安全理事会常任理事国在公开会议上所投的否决票数据整理，http：//www.un.org/zh/sc/meetings/veto/。

表2　1946年2月16日至2019年2月28日安理会常任
理事国在公开会议上所投的否决票

国别 ＼ 时间	1946—1949	1950—1959	1960—1969	1970—1979	1980—1989	1990—1999	2000—2009	2010—2019	合计
中国	0	0	0	1	0	2	2	7	12
俄罗斯（苏联）	41	25	14	6	4	2	4	12	108
美国	0	0	0	21	42	5	10	3	81
英国	0	2	1	15	10	0	0	0	28
法国	0	2	0	10	10	0	0	0	22

资料来源：根据联合国官方网站安全理事会常任理事国在公开会议上所投的否决票数据整理，http：//www.un.org/zh/sc/meetings/veto/。

（三）关于冷战的反思

冷战是人类历史上的一次重要军事与政治试验。全球两大政治经济制度支持的阵营,采取了军事对峙的方式进行全面的对抗,一度把人类引入了世界大战的边缘甚或"生存还是毁灭"的困境。关于冷战的反思是多方面的,就国际政治而言,至少有以下几个:一是通过古巴导弹危机,国际社会认识到大国间的对抗是有限度的,核武器相互确保摧毁的现实及未来已经迫使最为强大的国家必须放弃国家利益至上的原则,或者说必须通过国际制度来实现合理的国家利益,否则,人类的集体毁灭的前景也会吞噬任何国家包括超级大国的国家利益。20 世纪 60 年代苏联将核导弹运往美国后院古巴的努力引起的大国之间的战争危机及其政治妥协得以化解的结果,导致美苏两国带头进行深度战略反思,这种反思持续了十几年,扩至联合国所有成员国。国际社会意识到,建立全球性不扩散核技术机制的极端重要性,并迅速把反对核扩散原则上升为全球集体认同的重要组成部分,并完成了国际立法程序,以至于形成了世界性反对核扩散的统一战线。古巴导弹危机过后,虽然东西方对抗这一冷战基本格局并没有改变,但美苏两国都采取了一系列措施来管理它们之间的关系,防止类似危机再度出现。① 1963 年到 1974 年,两极格局下两大阵

---

① 赵学功:《十月风云:古巴导弹危机研究》,天津人民出版社 2009 年版,第 442—445 页。

营的共存规则相继确立。① 1968 年,《不扩散核武器条约》分别在华盛顿、莫斯科、伦敦开放签字,59 个国家签约加入②;1969年 11 月 17 日,第一轮限制战略武器谈判(SALT I)启动,1972年 5 月结束;1972 年 5 月 26 日,尼克松与勃列日涅夫在莫斯科签订《反弹道导弹条约》;第二轮限制战略武器谈判(SALT II)始于 1977 年,1979 年 6 月 18 日,卡特与勃列日涅夫在维也纳签订《美苏限制进攻性战略武器条约》③;1973 年 7 月,欧洲安全与合作会议在芬兰首都赫尔辛基召开,1975 年 7 月 30 日至 8 月1 日,欧洲 33 国及美国、加拿大等国签署《欧洲安全和合作会议最后文件》④,该文件在原则上标志着欧洲有望实现永久和平。尽管国际冲突的可能性不能完全排除,但对于危机的反思和治理制度建设是十分重要的,而这种危机治理绝非单边主义行为所能推动,必须多个国家在达成共识的基础上,通过双边或多边努力

① [意]埃尼奥·迪·诺尔福著,[意]法恩瑞编,潘源文、宋承杰译:《20 世纪国际关系史:从军事帝国到科技帝国》,北京大学出版社 2016 年版,第220 页。

② 朱明权:《核扩散:危险与防止》,上海科学技术文献出版社 1995 年版,第 41 页。

③ 吴莼思:《威慑理论与导弹防御》,长征出版社 2001 年版,第 77 页;侯小河、张晖主编:《美国弹道导弹防御计划透视》,中国民航出版社 2001 年版,第 54—55 页。

④ 龚荷花等译:《联邦德国东方政策文件集》,中国对外翻译出版公司1987 年版,第 99 页。

才能得以实现。

关于冷战的另一个反思就是创新区域一体化理念。这就是说，冷战阻碍了全球经济合作或经济一体化，在全球层面上难以推进一体化，在努力实现美苏缓和的同时，有必要避开两大阵营之间的对峙和“全球合作僵局”，在两大阵营内部谋求自主化的经济联合，或者在两大阵营的结合部进行功能性的接触与交往，建立自由贸易区或者更高层次的经济联合。这突出地体现在以欧共体为代表的区域治理大发展上。由于舒曼计划的顺利实施，欧洲煤钢联营建立起来，欧共体不断扩大，推动了西欧自由贸易区的建立和经济一体化的逐步发展。在东南亚这个两大阵营的对峙前沿，也逐步发展了东南亚国家联盟的区域经济合作形式。无论是欧盟还是东盟的发展，都是国际社会对于冷战进行深度反思转而进行国际区域治理的结果①。这说明，即使在全球治理无法顺利推行的领域或议题，也可以在区域治理层次上加以试行和实践，从而以另外的方式推进国际合作和国际治理。

（四）对于新式全球性危机的反思

自 20 世纪 70 年代以来，国际社会的发展进入了一个新的历史时期，新的政治力量、新的全球性危机、新的国际政治模式都

---

① 张云：《国际关系中的区域治理：理论建构与比较分析》，《中国社会科学》2019 年第 7 期。

纷至沓来。70 年代石油危机、90 年代全球变暖、21 世纪头十年
的"9·11"事件、国际金融危机等危机的政治反思，导致国际
政治模式有了根本性的转折。

石油危机前后①，超级大国才认识到必须在国际政治中"放
权"，因为权力政治所赖以生存的国际等级体系即世界性殖民体
系已经瓦解，不能继续支持体系性权力政治，第三世界的崛起和
中间地带的崛起同样是不可避免的，也是不可管理的，除非采取
权力政治以外的方式方法处理国际政治事务。在一段时间内，联
合国的作用提高了，中国等一大批发展中国家进入了联合国，以
贸发会议等形式发挥政治作用。贸发会议原规定每 4 年召开一
次，第一、二届会议主要关注实行国际贸易普惠制的可能性，第
三至五届会议分别专门讨论了国际援助、初级产品和石油危机等
问题。贸发会议②等历次会议取得了瞩目的成果。如 1964 年第

---

① 1973 年中东战争爆发后，阿拉伯石油输出国把石油作为武器，采取禁
运、减产和提高标价等措施，有力地打击了犹太复国主义和霸权主义，推动了
第三世界反帝反霸权的斗争，这是第一次石油危机。第二次石油危机发生在
1978 年 12 月，伊朗发生推翻巴列维王朝的革命，停止输出石油 60 天。第三次
石油危机是指 1990 年爆发的海湾战争。参见［英］奥德尔（Odell）著，厦门大
学南洋研究所编译组：《石油与世界霸权：石油危机的背景》，生活·读书·新
知三联书店 1978 年版，第 198 页；浩君：《石油效应：全球石油危机的背后》，
企业管理出版社 2005 年版，第 3—6 页。

② 贸发会议等成员国包括全体联合国会员国和那些虽非联合国会员却是联
合国各专门机构以及国际原子能机构的成员国。中国自恢复在联合国合法席位
之后，于 1972 年 4 月首次派代表参加了第三届贸发会议。

一届会议通过的《最后议定书》，规定了作为发展国际经贸关系和拟定有关政策的 15 条总则。其比较突出的内容有：发达国家应给予所有发展中国家以优惠待遇，而不应要求互惠；发展中国家之间的优惠待遇不给予发达国家；等等。1972 年第三届贸发会议通过了关于制定《各国经济权利和义务宪章》第决议。这个宪章在 1974 年联合国大会上以 120 票对 6 票的压倒多数获得通过，成为实现建立国际经济新秩序战略目标的纲领性文件。联合国贸易和发展会议在发展中国家为建立国际经济新秩序而开展的斗争中，起到十分积极的作用。[①]

然而，随着发展中国家的经济发展，世界资源无限制开发、气候变化，权力政治所依赖的国家利益最大化逻辑也到了尽头，必须共同实现有限度、有节制的国家利益才能保住人类的共同命运。"9·11"事件，使以美国为首的国际社会真正意识到恐怖主义是全人类真实的敌人，世界性反恐怖联盟建立起来，中美俄等大国有了新的政治合作基础，这一点使得美国不得不在很大程度上放弃对俄罗斯复兴与中国崛起的冷战思维和权力政治思维，国际治理的领域因恐怖主义势力将战争危机引到美国本土而在国际安全等方面站稳了脚跟。

---

① 曹建明、陈治东主编：《国际经济法专论》（第一卷），法律出版社 1999年版，第 242 页。

2008 年前后的国际金融危机的影响更深远，因为它直接导致了二十国集团首脑会议的召开①，这个会议机制实际上就是国际经济治理的最高会议，由世界上经济最强大的 19 个国家和一个国际组织（欧盟）采取协商对话的方式寻找渡过国际经济危机的出路。由于中国、印度等发展中国家与美国、加拿大、德国、英国等发达国家使用了较为平等的方式进行国际协调，因此，国际治理终于成为国际政治的主导方式（欧洲一体化发展到了欧盟的水平，28 个成员国实行了越来越趋同的经济、防务和社会政策，区域治理有了欧洲宪法的保障；东盟等其他区域一体化也不断升级，使得区域治理成为国际治理的基础样式）。这显然与上世纪二三十年代处理世界性大萧条形成的局面与结果完全不一样。上世纪的国际政治思维是权力政治为主导的方式，最终导致了法西斯势力发动的战争；而 21 世纪的主导性国际政治思维则是国际协调与国际治理，遏制了经济危机蔓延，保持了世界经济的稳定运行。

---

①　一系列动荡向所有人表明，在这个紧密相连、日益复杂、充满不确定性的全球化世界中，即使再强大的国家都会受到这种新型非国家威胁的影响。1997 年至 1998 年的金融动荡源于市场，由亚洲波及世界，对美国产生影响。因此，在 1999 年，二十国集团财长和央行行长共聚一堂，创立了二十国集团。十年后，2007—2008 年爆发的金融地震由英美波及全球，促使二十国集团跃升到领导人级别。参见［加］柯顿著，郭树勇等译：《二十国集团与全球治理》，上海人民出版社 2015 年版，第 486 页。

总之，国际治理已经在区域治理与全球治理两个层次上都发展到相当高的程度，成为大国权力政治的重要约束力量，英国动用了强大的国家资源来脱离欧盟和欧洲区域治理体系，到今天也没有完成基本的法律程序和政治程序；美国高举"美国第一""让美国再次伟大"① "让美国继续伟大"② 等旗帜，企图退出 WTO 等国际经济协调机制，但是都是欲罢不能，其权力政治的策略处处碰壁，与中国等国的贸易摩擦虚虚实实、难分难解，不得不与中国、欧盟和联合国保持剪不断的联系，不敢放弃其在世界秩序中的基本角色。也就是说，无论是昔日的权力政治"高手"英国，还是今日的"世界警察"美国，都不能任意中断国际治理的进程，今日的国际治理早已不是 100 年前的国际联盟时的国际治理了。即使美国、英国试图退出国际治理的进程，中国、欧盟等国际力量也会迅速恢复当前的态势。

---

① Weems, Mary E., "Make America great again?". (Donald Trump), Qualitative Inquiry, 2017, Vol. 23 (2), pp. 168 - 170; Edwards, Jason A., Make America Great Again: Donald Trump and Redefining the U. S. Role in the World, *Communication Quarterly*, 15 March 2018, Vol. 66 (2), p. 176-195.

② Eric Bradner, CNN, Trump reveals new slogan at Pennsylvania rally: "Keep America Great", exclamation point, CNN Wire, March 11, 2018.

三、文明问题上升为世界秩序的
最为迫切的矛盾

百年之大变局中，有一种变化十分耀眼，就是文明冲突与文化治理已经上升为国际政治的突出矛盾了。文化是低级政治的领域，与军事、经济、安全、科技等因素相比，一直处于政治边缘和政治深层，只有当重大国际危机爆发、极端性社会运动出现时，才会引起人们的关注。因此，当我们提起国际政治时，一般指世界政治与世界经济、世界军事的冲突、竞争与合作，很少提及文化上的斗争。即使提起文化对于国际政治的作用，也指它以间接的方式特别是影响领导人观念和思维等方式来影响政治行为。然而，到了20世纪特别是到21世纪，文化开始登上国际政治的中心舞台：

（一）国际文化治理成为国际治理的重要内容

国际治理中的文化治理不是传统的治理领域。西方资本主义国家更看重的是国际经济治理。在它们看来，全世界都是资本主义政治文化的一统天下，国际社会的基本底色是从欧洲社会文化中来的，国际政治的主权制度、国际法也大多是西方奠基的，当前的主流秩序认同标准也是西方制定的，因此，它们对于文化的世界统治十分自信，很少普遍地产生文化上的危机感。作为霸权国的英国和美国在很长一段时间内最担心的是挑战自己国际地位的军事强国或新兴经济体的兴起。然而，文化成为国际治理的重要内容，有三个因素起了关键作用：一是区域治理过程中，文化成为区域一体化的基础要素和主要内容之一。欧盟与东盟在上个世纪90年代以来的一体化进程中都不约而同地把区域文化规划作为三大任务之一，把社会文化共同体建设作为支柱性战略。①二是全球治理中出现了所谓的"文明冲突"问题。西方学者提出"文明冲突论"②，其出发点是为了改变战略界对文明在国际政治地位中重视不够的问题，强调文明冲突将是未来国际政治的主题，这不免夸大其词了，而且低估了文明间交流、互鉴的可能。然而，"文明冲突论"却在一定程度上反映了文明差异影响国际合作的普遍现象和道理。三是大国间文化软实力的竞争与合作十分激烈。由于和平和发展成为时代主题，国际间的复合相互依赖不断发展，经济领域的共同脆弱性与文化领域的认同危机日益强化，世界各国特别是大国都十分注重寻求深度持久复合的国

---

① 郭树勇：《区域文化治理与世界文化秩序》，《教学与研究》2016年第11期。

② ［美］塞缪尔·亨廷顿著，周琪等译：《文明的冲突与世界秩序的重建》，新华出版社1998年版，第229页。

际合作，因此，就把增强经济社会发展的国际化人性化多元化意识、发展文化旅游服务业、优化国际形象、增强文化软实力、提高沟通水平作为国家战略行动。

（二）国际意识形态成为国际政治的重要领域

意识形态是政治在思想领域的重要体现，是文化体系的重要组成部分。① 意识形态相似与相异的国家无疑会在政治理念上发生冲突与合作。理论界关于意识形态对国家对外行动的影响上有着不同的观点。一部分持现实主义观点的学者认为，国家利益最大化是国家对外行为的最高准则，不应当把意识形态作为对外行为的依据；另一部分持理想主义观点的学者认为，意识形态本身就是国家利益的一部分，实现国家利益就包括实现本国的意识形态的利益。从过去一百年的国际关系史看，无论是美英法德等西方大国，还是中苏越等东方国家，都没有完全摆脱这两种观点及其实践活动的困惑。在一段时间内，社会主义国家结成了友好互助同盟，建立了经互会、情报局和华约组织，而资本主义大国则建立了多个"民主同盟"、"人权同盟"、北约组织等。冷战一度被认为是社会主义阵营与资本主义阵营的较量。冷战结束后，美苏之间的意识形态较量结束了，但是美国对于其他意识形态信仰

---

① ［美］格尔茨著：《文化的解释》，译林出版社 2014 年版，第 193 页。

体系不同的国家或国家体系仍然采取了遏制或竞争的战略,美国仍然对于以中国、古巴、朝鲜等为代表的社会主义国家保持一定程度的压力政策。对于广大发展中国家中与自己的文化价值观不同的国家实行一轮又一轮的"颜色革命"。也就是说,美国等西方发达国家对于社会主义国家、民族主义国家和转型国家均采取了意识形态上的压力政策,直接的政策对抗强度可能有所淡化,但是方式方法与层次维度较冷战时间更多了而不是更少了。意识形态成为国际政治的重要内容,不仅体现在冷战期间为了维护意识形态的同一性而进行的阵营对抗上,也体现在跨越意识形态分歧进行的战略合作上。强调意识形态合作是文化政治,强调跨越意识形态分歧进行合作也是文化政治,实际上政治与文化的关系,在过去的一百年都被抬到了一个很高的地位。西方国家政界与理论界十分注重所谓的"民主和平论",反映了它们在国际政治实践中的强大需求,这种需求的背后就是西方宣传资本主义意识形态中的"自由民主""普世价值"等。把这种意识形态巧妙地成比例地转化为合理的国家利益和适当的对外行为,是过去一百年国际政治的重要形式,也是政治科学研究的重要对象。中国在改革开放之后强调不以意识形态划线①,要按照是非曲直来明

---

① 张清敏:《当代中国外交》,五洲传播出版社 2014 年版,第 30 页;郑蕊:《中国共产党对外党际关系研究》,辽宁大学出版社 2007 年版,第 168 页。

确国家利益和对外行为，主要是希望结束过去的"一边倒"的战略，转而扩大与意识形态不同的以美国为首的西方国家的国际交往，融入国际社会，为社会主义现代化建设创造良好的国际和平发展环境。这本身也说明，维护或改变意识形态对于国家对外行为的影响是一项重大的任务。

（三）终结"文明霸权"成为全球治理领导权的关键

世界秩序与全球治理体系的变革与完善，是世界性权力转移在当代的重要体现，是世纪之交国际政治的关键所在。全球治理领导权从根本上讲，是指一个大国从全人类利益和国际社会期待等考虑出发所享有的维护全球安全稳定、履行全球经济治理责任、促进全球文化和合共生、向国际社会提供国际公共物品的理念引领、规则制定与组织协调权。在国际治理已经成为国际政治主要内容的新时代，世界性权力转移除了体现为硬实力对比变化之外，还必然体现在全球治理领导权的转移。自上世纪末以来，全球治理的任务加重，形势逼人，然而世界上经济最为发达的美国，在全球治理的组织协调方面出现了不平衡、不充分、不主动的特点，突出地表现为在国际金融危机治理方面比较有力，但在国际贸易赤字治理方面比较自私；对于确保核安全、反对恐怖主义以及北美、欧洲、东北亚方面的国际安全比较关心，对于中东、中亚、南亚和非洲等欠发达地区的国际安全治理严重缺乏关注；对于欧美国家面临的外来文化威胁过于担心，对于世界范围内的文明交流和文化治理赤字关注不够、措施不多。尤其是后者，越来越成为全球治理的关键问题。美国的全球治理方案，说到底是建立在经济全球化和文化全球化的基本认识上的：经济是资本主义市场经济，文化则是从欧洲发展起来的现代性文化；只有在全世界建立稳固的市场经济逻辑，形成普遍适用的现代文化，才能制定有效的国际经济规则，而有了强大管用的经济规则，就可以建立高效有序的世界秩序；哪里有了问题，就可以根据规则加以治理。美国则依据其强大的政治吸引力、经济军事实力和文化软实力担负"世界警察"的角色，发挥世界秩序主导维护者的作用，并由此而享有"霸权红利"。然而，这些逻辑本身与现实政治有了很大的差距。虽然美国在军事实力上依旧是超级大国，但是从经济实力上已经不能保持超然于其他大国之上的优势地位，与中国等新兴国家基本上平分秋色。这样，能不能保持其文化上的霸权就显得尤为重要。维持以美国为中心的对国际社会的文化领导权，能够弥补美国在政治经济文化三位一体的霸权体系中的有关弱项，因此，美国学者除了从乐观主义角度提出"历史终结论"为西方文化鼓劲之外，还从悲观主义角度提出"文明冲突论"以增强西方世界的忧患意识，加强其文明内部的团结，甚至在最近几年采取了一些极端措施防止具有异质文化背景的外来移民进入欧美国家，对于中国的孔子学院活动而加以抵制，通过其控制的有影响的媒体对新兴国家或转型国家的治理失误进行"妖魔化"，构建新的"中国威胁论""俄罗斯威胁论""伊朗威胁论"等。这是问题的一方面。

另一方面，国际社会期待①一种新的全球治理，这种治理必须改变美国治理世界中的不平衡、不主动、不充分、不深入等特点，要树立整体性思维，反对简单地运用问题解决思维，综合性地解决全球发展、全球安全中的根本性问题。要做到这一点，就必须从全人类利益和共同命运的高度来透视国际政治，建立一种新的国际政治观，进而解决发展中国家的基础性发展问题、承认文化差异化与互补性现实。由于全球事务高度的相互依赖性、共同脆弱性和多元化趋势，使得国际社会的集体行动逻辑必须走出昔日的西方逻辑，一国或几国的经济实力不足以支撑全球治理体系的变革完善，"霸权文明"② 模式不可能像过去"英国治下的

---

① "国际社会期待"是一个国际政治社会学词汇，其意指："国际责任或国际权威，有一种生成来源是国际社会期待，这个与传统上的自然法、国际社会契约、国际法、联合国授权来源不一样，是国际治理的合法性来源之一。见郭树勇：《文化国际主义：中国文化通达世界文明的政治社会学分析》，《教学与研究》2019 年第 1 期。

② 各个文化之间存在着不平等性，存在着强势文化和弱势文化的差别，存在着文化霸权和文明的冲突等。见黄皖毅：《马克思世界史观：文本、前沿与反思》，知识产权出版社 2008 年版，第 189 页。

和平"那样支撑当代的全球经济治理行动。美苏两国虽然意识形态不同，但同属西方文明框架，昔日两个超级大国一度希望共同统治世界的努力宣告失败，足以说明"霸权文明"的路子走不通，必须走包容文明或者共生文明的新路。中国近年来高举人类命运共同体的旗帜，坚持包容互鉴的文明交流观，不仅是对过去几百年西方治理世界的经验教训的总结的结晶，也是对新全球治理的深刻认识，并运用中国传统文化的包容智慧得出来的正确结论，能够引领新时代的全球文化治理。反过来讲，如果中国等新兴国家群体不去奉行包容互鉴的文明观，那就走不出美英过去治理世界事务的困境（即企图依靠自身或同盟的力量，用一统天下的秩序观和文化观来治理日益多元和相互依赖的不平衡世界），即使一时经济指标上赶上美英，也不能真正地组织国际事务，团结国际社会。全球治理的老路曾经有用，但现在肯定不能走了，这是美英的无奈。新路尚未完全找到，但是方向是明确的，这赋予了中国等东方新兴大国以机遇。倡导什么样的国际主义，提出什么样的国际治理理念，用什么样目标争取和凝聚世界民心？赋予世界秩序以何种"定海神针"，是争取全球治理文化领导权之要义，决定"百年未有之大变局"的未来。

百年未有之大变局：涵义与影响

王义桅[①]

当今世界正经历百年未有之大变局，我国正处于实现中华民族伟大复兴关键时期。这是我们观察新时代中国与世界关系的背景。

第 16 届俄罗斯瓦尔代论坛以"重返无政府状态"，土耳其 TRT world forum 的主题是"全球化的退却（retreat）：风险与机遇"，慕尼黑安全论坛等都聚焦"变局"，将"未来国际秩序"作为主题。相比而言，习近平主席"当今世界处于百年未有之大变局"的判断更高屋建瓴，也更客观、中性。

一、把脉百年未有之大变局

百年未有之大变局，核心不在于变，而在于局，是"局之

---

① 王义桅，中国人民大学国际关系学院教授。

变"而非"变之局"。所谓"局之变"之"局"有三个：

一是格局崩——国际格局出现五百年未有之大变动，西方主导的格局正在被东西方平衡的格局所取代。法国总统马克龙在 2019 年 8 月 27 日的驻外使节会议上宣称"启蒙运动以来的西方霸权行将终结"。标志性的，当今世界最重要的宏观经济政策协调平台，是 G20 了，不再是 G7 了。

二是时局变——这很大程度上当然是技术的变化造成的，不只是权力的转移——存量在西方，增量在东方，还有权力的分散和权威的解构——世界越来越去中心化、扁平化、网格化。

三是大局无——世界大势日益不确定，发展模式、价值多元化，经济民族主义与社会民粹主义交织。国际关系规则在变，一些国家正在搞什么脱钩，从原来的全球化相互依存，到脱钩或者部分脱钩，然后再"规锁"（confine）。规则观念在变，不再笃定全球主义、进步主义，国家主义、地缘政治在回归，民粹主义受吹捧，全球化出现逆转。百年未有之大变局，要求我们告别近代，走出西方。近代以来我们的理念是顺势而为，改革开放强调国际接轨。所谓的"天下大势，浩浩荡荡，顺之者昌，逆之者亡"。今天的世界已经没有那个势了——马克龙说"西方霸权行将终结"。所以，中国不是简单地顺势、随势，而要去造势。"一带一路"就是一种造势，人类命运共同体就是为造势确立一个道——超越经济全球化、政治多极化、文化多样化、社会信息化之间的内在矛盾，实现四位一体。

不仅国家内部在变，国际关系也在变，规则也在变。原来是大棋局，现在那个棋桌子也可能被掀翻。大变局，而不是大棋局，这是问题的关键。

百年未有之大变局的百年，有五百年西方中心论（全球化）的终结，也有近代西方中心塌陷的变局，甚至人工智能拷问"我们是谁，我们从哪里来，我们要去哪"，开启未来百年变局，既是历史导向，也是未来导向，又具有浓厚时代关怀。

二、中国是引发百年未有之大变局关键因素

与近代逻辑不同的是，中国是引发这场百年大变局的关键因素之一，导致国际格局出现所谓"后西方"现象；与此同时，"工业4.0"改变线性进化逻辑，出现所谓"后真相"现象，中国同样是"工业4.0"弄潮儿。这两种逻辑交织在一起，出现美国上下（政府—公司）、左右（两党）打压中国的局面。

过去几百年现代化成功的经验全是西方的。一般我们说现代

化成功模式有英美模式、德国模式、荷兰模式、瑞典模式；非西方现代化成功的有苏联模式和日本模式。但西方理论界认为苏联模式是德国模式的斯拉夫版，日本模式是德国模式的东亚版。所以无论是原创还是翻版都是西方的，所以过去 100 年大家有一个概念，说现代化就等于西方化。但是现在不同了，随着中国现代化的成功，西方开始研究我们，他们的结论就是中国模式确实跟西方模式不一样，基本性质就不一样。西方国家都叫 national state，民族国家。中国不是的，中国叫 civilization state，中国是文明型国家。国家的基本性质不一样，行为方式也是不一样的。所以他们现在开始承认现代化有两种模式。这样一来，在观念上西方模式的唯一性、统一性打破了。这也是中国引发大变局的表现。

中国改写了"现代化＝西方化"的发展公式，正如党的十九大报告所指出的"拓展了发展中国家走向现代化的途径，给世界上那些既希望加快发展又希望保持自身独立性的国家和民族提供了全新选择"。

从工业革命以来，权力在西方内部转移，今天全成美国盟友，而当今中国在弯道超车，史上第一次出现非西方、非美国盟友参与引领新技术革命的情形。

一个"绝不做老二"的美国和誓言"伟大复兴"的中国，

存在产生结构性、根本性、战略性冲突。美国不惜动用长臂管辖，利用西方对中国崛起的担心，挟霸权以令盟友，大打安全牌、规则牌，甚至文明牌，逼迫世界在中美间站队，甚至鼓吹中美经济、科技脱钩，重塑全球化体系。

2017 年 11 月 15 日，美国总统特朗普的首席战略顾问史蒂夫·班农，在日本第十二届族群青年领袖研习营发表演讲时表示，中国对美国有五大挑战：一是"中国制造 2025"；二是 5G；三是"一带一路"；四是人民币国际化；五是中国模式。所以，美国要打压中兴公司——"中国制造 2025"，打压华为——5G，打压"一带一路"，进行人民币汇率战、金融战，打压香港，这些都给中国带来了很大的冲击，最后就是发展模式的竞争，用"脱钩论"吓唬中国，抵消"四个自信"。

三、百年未有之大变局比拼战略对立性

当今世界处于百年未有之大变局，是机遇与挑战并存的判断，是对国际格局、国际秩序出现从量变到质变的判断，必须从战略上准确判断。

既然是百年未有之大变局，就不能按照思维惯性看问题，更

不能落入西方逻辑窠臼。特别是，区块链、万物互联技术发展进步，产生"去霸权"趋势。"一带一路"、人类命运共同体成为因应百年未有之大变局的国际合作倡议和价值理念。

面对百年未有之大变局，当今世界比拼战略独立性。

美国正联合日本、澳大利亚搞稀土开发，担心被中国卡脖子。日前，欧盟联合研究中心发布的《欧洲防务相关军民两用技术材料依赖性》报告称，军民两用技术关键原材料应摆脱中国供应限制，呼吁欧盟采取广泛行动，摆脱军民两用重大新兴技术所需原材料供应瓶颈——锂电池、燃料电池、机器人、无人机和 3D 打印技术等 5 大军民两用技术中，欧盟极度依赖上述技术所需的 23 种关键原材料，仅 1%（用于 3D 打印）—5%（用于燃料电池）能实现自给，原材料供应已成为欧盟上述技术供应链中最薄弱的一环。报告称，中国是上述关键原材料全球生产的主导国，也是全球供应链中的主要供应商，占全球近40% 的份额。中国在锂电池和无人机全球供应链中取得并扩大其领先地位，在机器人、燃料电池和 3D 打印领域也制订了宏大计划。报告建议欧盟需在关键原材料方面采取行动，包括：1. 加大原材料供应多元化，提高原材料回收能力，研发关键原材料替代技术。2. 加大战略性原材料库存，以备危机之需。3. 制订竞争性奖励计划，鼓励欧洲企业，特别是中小企业参与欧洲防务研发，带动相关技术民用化和商业化。4. 为欧洲企业创造更有吸引力的投资环境，扩大欧洲制造机会。5. 加强军民两部门协同合作，提升各界对军民两用技术共同研究和投资的兴趣。6. 在 5 大技术领域中的具体建议包括：在燃料电池领域加大国际合作；在 3D 打印、燃料电池、机器人技术和无人机领域加强标准化制定等相关活动；在机器人和无人机领域加强网络安全能力等。

全球供应链、产业链与价值链重组，是百年未有之大变局表征之一，战略独立性成为大国比拼重点。

朝鲜战争，让新中国剥离了美国；中苏论战，让新中国剥离了苏联，成就了独立自主的产业体系和道路自信、制度自信。改革开放后，中国重新铆入美国主导的全球化体系，取得了超越美国铆合（engagement）政策意想不到的成功，正如大象进入浴缸，不仅没有被皈依——从市场经济到自由民主，变成美西方的一员，反而走出一条中国特色的社会主义现代化道路，产生班农所言的五大担心：中国制造 2025、5G、"一带一路"、人民币国际化、中国模式，在道路自信、制度自信外，增加了理论自信和文化自信，中美贸易摩擦就发生在这种时代背景下的战略博弈。

进入新时代，中国要从富起来到强起来，由大到强，打破了近代权力转移与技术革命只是西方内部循环的历史惯性。不仅如此，中国产业体系独立完整齐全，文明连续不断，真正独立自主又开放包容，还不忘世界大同之初心，立己达人，给世界提供诸如"一带一路"、人类命运共同体的新型公共产品，推动开创人类文明新纪元。

"百年大变局"的决定性因素分析

朱　锋[①]

世界历史发展进程中的"百年未有之大变局",与中国实现民族伟大复兴的历史进程高度重合。这对中国和世界来说,并非巧合,而是鸦片战争迫使中国打开国门以来,中华民族虽饱受磨难但仍坚持进行探索和奋斗,到1949年终于成立中华人民共和国、实现国家与民族"百年巨变"的结果。中华人民共和国成立迄今的70年,更是中国继续追求民族独立、国家自强和社会进步的70年。今天,我们站在"大变局"正在酝酿和涌动的历史时刻,需要意识到新的"百年之变"既是"危"与"机"同生共存的艰难时刻,又是国际格局和体系的大变革和大调整不断出现的关键时期,我们又一次站在了历史的关口。我们需要更加清醒地认识到,目前还处在新百年变局的前期,正在面临诸多大

---

① 朱锋,南京大学中国南海研究协同创新中心执行主任、国际关系研究院院长、特聘教授。

变化的"前期综合征",最突出的特征是"不确定性"显著上升。

当前,存在着影响"大变局"的两个最重要因素:一是"发展范式转变";二是新工业革命究竟需要多久以及以什么样的方式走入千家万户,并将在多大程度上改变现有的生产方式和生活方式。从过去 400 年人类历史的进程来看,这两个因素以及由这两个因素所导致的国家战略选择和国内治理机制变革,是近现代历史上多次发生"世纪之变"背后最重要的因素。

一、百年大变局的历史回溯

17 世纪上半叶的"三十年战争"是确立近代欧洲国际秩序的历史性事件。1648 年结束"三十年战争"而召开的威斯特伐利亚会议和欧洲主要交战国所签署的《威斯特伐利亚和约》,在国际关系史上具有里程碑式的意义。该和约确立了一些使用至今的国际关系基本原则:第一,它开创了以国际会议形式解决争端、结束战争的先例;第二,确认了国家主权原则以及基于主权的国家间平等原则;第三,首次创立并确认了条约必须遵守和对违约方进行集体制裁的原则;第四,否定了中世纪教会法规和神圣罗马帝国的权力，将一个国家的主权范围内的事务交由主权国家的政府来处理和承担；第五，将意大利城邦国家开创的常驻外交使节制度推广到整个欧洲范围，国际社会迄今仍然十分重要的处理国家间关系的对外常驻使节制度由此开始。《威斯特伐利亚和约》标志着欧洲放弃了国家和民族间原有的等级结构，将世俗政权视为国家的唯一合法代表，并建立起了多个国家共存、具备领土主权、否定任何外部权威可以凌驾于国家主权之上的新型国际体系。导致《威斯特伐利亚和约》诞生的根本原因，不仅是神圣罗马帝国的彻底衰落、王权国家的兴起，更是大西洋文明——海外冒险和商业开拓、以民族国家为基础的权力和财富欲望的激活以及欧洲国家间权力争霸斗争复苏的产物。

17 世纪中叶，荷兰的海上贸易主导地位被英国取代。1688年的光荣革命使得英国结束了与法国的同盟关系，同荷兰形成了反法同盟，开始了与法国的权力竞争。法国国王路易十四追求绝对君主权力与"天然疆界"，想要不断提高法国在欧洲的强权地位。从 1661 年至 1672 年，法国开始进入扩大法国影响力和领土范围的"用强时期"，相继卷入了遗产战争、法荷战争、奥格斯堡同盟战争以及西班牙王位继承战争。交战各方签订的《乌特勒支和约》让法国挑起的欧洲权力再分配暂时告一段落，法国的扩张野心受到遏制，英国在欧洲政治格局中开始初步处于霸权国家的地位。

18世纪，英、法、俄、奥、普五国都参与了围绕欧洲霸权和海外殖民地争夺的残酷竞争，其中，英、法争霸贯穿18世纪欧洲政治的主要历史进程。与此同时，西班牙、瑞典、波兰等强国也想成为欧洲大陆的主导国家，但18世纪初期英国首先开始工业革命，并在科学技术研究和海外殖民开拓进程中领先于欧洲其他国家。法国在18世纪开始追随英国发起的工业革命，经济也有了很大的发展，路易十六时代，法国呈现出了急切追赶英国的步伐；然而，绝对主义的王权政治，让法国无法像英国那样具备由实行君主立宪制的代议制民主政治所能激发的创造财富和满足个人欲望的活力，政治和法律秩序也没有英国那样连续和稳定。路易十八当政之后，法国迅速陷入了国内经济和政治危机。法国的经济危机成为不满情绪的催化剂，也是大革命重要的直接原因之一。1789年爆发的法国大革命，反映了进入资本主义发展周期后法国中下层精英对君主专制政体的不满和建立新政体的强烈愿望。法国大革命是建立欧洲现代民族国家的标志事件，也是第一次工业革命后资本主义生产方式必然要打破君主独裁体制，确立西方式平等、自由和法治原则的市场竞争和工业化发展方式的内在要求。

《威斯特伐利亚和约》所确立的近代民族国家主体意识和民

族主义，再加上资本主义生产和社会关系确立所推动的自由主义政治价值，在18世纪后半叶开始引发和推动了重要的"百年之变"。这不仅造成了法国大革命的爆发，还有1776年美国开始的"独立战争"。欧洲自由主义思潮引发的政治和社会革命在北美英属殖民地被推进到了新的历史高度。美国的独立战争是欧洲自由主义思潮的衍生品，也是北美大陆对财富和自由渴望而必然引发的政治变革。但美国独立战争和法国大革命对这两个国家的历史性影响截然不同。美国在独立战争后很长时间内，为成为一个新生的、独立的且经济、科学技术和国内治理机制等方面可以自由发展的新兴国家而努力，而法国则很快陷入了拿破仑当政后的"强人政治"时代，想要通过战争为因大革命而衰落的法国"讨还公道"。结果是，拿破仑在1814年6月的滑铁卢战役中失败。处理拿破仑战争的维也纳和会在1814年9月召开，维也纳会议带来了19世纪欧洲政治的"维也纳体系"。该体系不仅恢复了欧洲正统的王权政治，也在均势基础上推行"欧洲协调"（Concert of Europe）制度。霸权国家英国实行不在欧洲驻军的"离岸平衡"战略，旨在集中精力经营英国海外殖民地，同时削弱和打击欧洲本土出现的新霸权国家，确保英国地位和利益不受挑战。

19世纪后期，意大利和德意志通过一系列战争相继建立现代民族国家。在大西洋的另一边，美国总统门罗于 1823 年的国情咨文中提出“门罗主义”，即反对欧洲国家再夺取新的美洲殖民地，实行“不干涉”原则、“美洲体系”原则。通过美西战争，美国控制了多个原西班牙殖民地，并在北美大陆通过西部开发和推动美国的工业化进程，让美国逐步建立和积累了权力争霸的重要资本。然而，维也纳体系注定会被打破。统一后的德国成功的工业化进程以及国家实力的迅速崛起，让德国在 19 世纪末开始在实力上接近英国。美国对欧洲争霸没有兴趣，但开始引导和受益于以电气化为主要技术突破点的第二次工业革命。工业革命的 2.0 版——电气化时代的开始，美国、德国都成为英国重要的竞争者，再加上俄罗斯的西扩，欧洲政治开始出现新的分化。从“旧三皇同盟”到“新三皇同盟”，欧洲的维也纳体系开始崩溃。英德的海外殖民利益和海外市场与资源竞争不断激化。而工业制造开始超过英国的美国也在 1903 年老罗斯福时代开始了历史性的海军建设计划。19 世纪末开始，新的“百年巨变”开始且已经不可避免，1914—1918 年的第一次世界大战，意味着旧的百年世界政治变革周期结束，新的百年之变正式开启。

　　1919 年巴黎和会和 1922 年华盛顿会议所建立的“凡尔赛—华盛顿体系”是第一个真正意义上的全球性国际体系。国际联盟作为首个集体安全性质的国际组织登上了世界舞台。新兴的美国推出了威尔逊总统的"十四点计划"而成为世界政治的引领性力量。民族自决、公海航行自由、西方大国在其他国家和市场应该自由竞争等原则,使得世界政治中不仅基于权力,还要基于新生实力利益诉求和规则的秩序开始形成。不过,战争依然是权力竞争最高的形式,"大国政治悲剧"在一战后仍然得到了淋漓尽致的上演,法西斯德国和军国主义日本的对外军事扩张让世界在一战仅仅结束21年之后,再度拖入了第二次世界大战的生死较量。

第二次世界大战让人类遭受了巨大的创伤,战争的残酷性也达到了空前的程度。尤其是第二次世界大战末期原子弹的试验成功及其在对日战场的使用,标志着核时代的来临。第二次世界大战后,英美两国实现了霸主地位的"和平禅让",英国主导的国际秩序瓦解,美国崛起为世界政治的主导性大国,为第二次世界大战后世界秩序的确立带来了革命性因素。其核心不仅是世界银行、关贸总协定和国际货币基金组织的建立并推动世界建立有序、开放的市场竞争;更重要的是,联合国成为有行动力的集体安全组织,为世界范围内和平、人权与合作的价值普及和国际治理机制的发展等奠定了基础。但二战后美国和苏联迅速陷入冷战,在全球范围内进行意识形态的对抗和霸权争夺,两极对抗阵营的格局一直持续到1991年。冷战结束后,世界进入了美国主导的单极体系，但多极化趋势难以阻挡。进入 21 世纪以来，中国、印度等新兴市场国家开始群体性崛起，逐渐成为全球化发展的新动力，国际战略局势和国际力量对比，正在出现"东升西降"的新态势。世界政治和经济正在面临新的"百年未有之大变局"。

二、从历史来看"百年未有之
大变局"的决定性因素

纵观历史上的多次大变局，均是在社会的各个领域，如政治、经济、科技、军事、文化等方面，出现了重大的突破和发展，但首先是在科技创新与产业革命方面的突破。技术创新、工业化进程的迅猛发展以及能否在制造业和科技创新中成为成功者、领跑者和主导者，是大国兴衰最为核心的要素。其中，工业化进程是国家间力量再分配最普遍、最根本的途径。不同国家的工业化进程快慢不同，改变着国家间的实力分配。例如，老牌的工业化国家英国在 19 世纪末和 20 世纪初相继被美国超越、被德国赶上；日本成为第一个非西方的工业化国家，对日本军国主义兴起发挥了重要作用；俄罗斯在传统上是欧洲的农业大国，但苏联从 20 世纪 30 年代开启了电气化和工业化建设的新浪潮，对苏联赢得反法西斯战争的胜利和战后具备与美国争霸的实力，起到了关键性的作用。中国改革开放后的成功实践，说到底是因为我们成为过去 30 年中世界工业化进程发展最快的国家。工业化进程开启的大国崛起的历史进程，带来了国家间力量对比的新变化，产生了国际权力结构的新变局。这是"大变局"的本质动力。

成功的工业化更是离不开成功的科技创新和尖端制造业的发展。迄今为止，人类共经历了蒸汽化、电气化以及计算机科学三次工业革命，目前正在走向第四次工业革命。第一次工业革命在英国发轫，使得生产效率大大提高。此后，新技术不断出现，无论是民用还是军用技术，都对国家发展产生了重要的影响。例如，在克里米亚战争中，俄国使用的是比较落后的风帆战舰和滑膛枪，而英法联军已经开始装备蒸汽动力战舰以及前装线膛枪。交战双方的后勤能力与财政、军工产业差距更是巨大。1946 年美国军方制造出了世界第一台电子计算机，本来是用于军事的电子计算机技术，由于超大规模集成电路的制成，使得其运用场景扩展到各个民用领域。

前三次工业革命全部是英美所贡献的，因此英美两国在政治、经济、技术标准等方面占据主导权。发展中国家在错失前三次工业革命机遇后，正努力依靠后发优势，加大科技投入，欲在未来的科技革命中获得优势。如今，数字化技术对于国家发展而言至关重要。中国目前在5G技术、人工智能、量子通信、大数据等方面处于世界领先的地位。1990年，97.1%的专利由北方国家贡献。而到2015年，中国成为世界上最大的专利申请国，专利申请占世界总量比重达到46.8%。科技能力已经成为衡量一个国家综合实力的重要指标，更上升为大国竞争的主战场。中国近年来的技术进步已经引起美国的警觉。中国科技企业走出去的代表，在技术创新成熟的情况下，屡屡遭到部分国家的抵制，中兴以及华为成为美方科技企业的重要竞争对手，为此美国不惜动用国家机器打压中国企业，而对本国企业如苹果公司的后台监控则使用"双重标准"。

其次，是国际体系内的各种政治思潮和国内治理体制机制的制度变迁。制度可以分为国内层面的政治、经济、社会制度和国际层面的国际制度与规范。在过去的四百多年里，各国的国内制度发生了显著的变化，尤其是欧洲国家最先开始进入资本主义发展阶段。而在国际制度方面，政治、商业及科学技术等方面的国际制度相继建立。诺斯认为，其核心是国家，国家或政治制度是经济增长与国家兴衰的关键性环境。1689年，英国颁布《权利法案》，英王的权力受到全面约束，消除了诸多封建奴役的残余。股份公司的兴起取代旧日的公司，证券和商品市场被创造出来，这些制度框架为英国的经济增长提供了一个适宜的环境。

而在国际制度方面，几乎所有重要的国际政治经济制度都是国家间权力和利益均衡的产物，拥有功能性、分配性和非中性等特征。历史上，1648年的《威斯特伐利亚和约》明确了主权的至高地位；1815年维也纳会议正式确立了以国际会议解决国际问题的制度，会议通过的《关于外交人员等级的章程》延续至今；二战结束之后，联合国等政府间国际组织相继成立以行使调节国家间和平与战争关系、促进地区经济一体化等功能，国际货币基金组织、世界银行、关贸总协定（后来的世界贸易组织）成为国际经济制度的"三驾马车"。虽然冷战时期社会主义阵营具备另一套经济制度，但冷战结束后，苏东社会主义国家迅速进行了政治体制以及经济上的转型，全球开始进入新的自由主义经济秩序阶段。中国在改革开放之后建立社会主义市场经济，以融入现有的世界经济体系。

再次，世界主要国家的战略选择与大国竞争的互动模式。1648年《威斯特伐利亚和约》的签定使各国彼此承认对各自领土和社会的管辖权。欧洲国家逐渐承认了国家具有主权、以外交手段解决国际争端等延续至今的一些国际关系准则。

18 世纪，在威斯特伐利亚体系建立后，欧洲开始从原先的帝国、城邦以及社会文化共同体等政治单位中脱离出来，建立现代民族国家，法国大革命、美国独立战争中产生了引领现代民族国家的宪法。往后的四百多年间，欧洲国家逐渐确立了相互的边界，现代民族国家体系也逐渐扩散至欧洲以外的世界其他区域，非欧洲地区的政治单位纷纷进入建立现代民族国家的进程。对于民族国家的概念和起源，戴维·赫尔德认为其具有三个特征：所有的被统治者通过征兵制和普选制参与到国家中；政治意志和文化共同体相符；完全独立于外部世界。安东尼·吉登斯认为民族国家源自对资本主义、工业主义、现代军事力量和"反思性监控"的增强。查尔斯·蒂利认为战争促使欧洲国家从早期多样的国家形式逐渐集中到民族国家，资本动员能力和国内凝聚力是大国竞争态势乃至决定战争胜负的两个关键要素。

为此，大国竞争中的战略选择是决定"百年未有之大变局"中的国家胜负的关键因素。保罗·肯尼迪在《大国兴衰》一书中精辟地指出，国家间的力量再分配是国际关系历史中的常态，问题是大国崛起并不意味着"大国胜利"，崛起大国常常因为欲望的扩大和不慎重的战略抉择，例如过分相信自己使用实力的决心和按捺不住的"提前摊牌"，往往导致陷入权力的赌局，结果反而容易遭受打击和重挫。18 世纪"三十年战争"之后英国之所以能够战胜其他欧洲列强，一直到 1945 年都能保住英国霸权，就是因为英国善于利用其独特的海岛型国家优势，对欧洲大陆发生的事件进行适当干预以保证欧洲的均势，而不是想要直接在欧洲大陆扩展和控制其他国家。在维也纳会议后，大英帝国及殖民地的疆域开始遍及世界，建立了"日不落帝国"，带来了持续三百年之久的"不列颠治下的和平"。大革命前后的法国均追求自然疆界以求稳固其欧洲霸权。俾斯麦在德国统一后通过一系列的外交手段建立了错综复杂的大陆同盟体系以保证德国的安全以及欧洲主导地位，但"后俾斯麦时代"的德国则急于想要和英国进行权力博弈。在美洲，美国通过宣布"门罗主义"保证其在美洲绝对的主导地位。在亚洲，美国通过"门户开放"政策确保其与欧洲列强在亚洲太平洋地区的利益均等。二战结束后，美苏两国更是通过除了"热战争"以外的其他一切手段争夺全球霸权，意识形态的对立和竞争成为美苏两极对抗的重要战场。冷战结束后，全球性的意识形态对抗终结，但不同发展道路和发展模式的竞争从来没有停止过。今天处在百年未有之大变局的历史进程中，同样不能忽视国家的国内治理机制、价值理念和社会和谐程度等方面的竞争。这对大国关系的未来走向，作用将更为巨大。

三、大变局时代的战略机遇

当前国际秩序正在出现"碎片化"的趋势,除了主权国家以外,国际组织、非政府组织、意见领袖、媒体、研究机构等非国家行为体正在分散国家的权力。特朗普上台后,美国显著减少自己作为"世界警察"的海外干涉行动,其内政和外交出现了明显的"内视化"趋势。在英国脱欧之后,欧盟未来的存在被前所未有地打上了问号,欧盟内部各国、各党团之间的分歧严重。西亚北非地区自"阿拉伯之春"后,多国仍然面临"合法性危机",埃及有重回"强人政治"的趋势,叙利亚、利比亚等国的持续不稳定引发的难民问题困扰欧洲多国。非洲大陆的经济发展前景尽管总体向好,但个别国家的国家建构任务仍然繁重。拉丁美洲若干国家深陷"中等收入陷阱",贫困、贪腐等问题仍然突出,在政治上左右摇摆不定。在东亚地区,仍然面临中、日、韩三国结构性矛盾。与此同时,社会结构发生重大变化,中产阶级的规模递减,导致社会两极分化严重、阶层对立。美国总统特朗普试图推翻和打破现行的国际秩序,以推动符合其"美国优先"原则的新国际秩序,频频的"退群"动作体现了美国传统的"单边主义"思维。中国积极承担国际责任、捍卫全球治理和多边主义的坚定立场，对国际秩序的稳定将发挥更大的作用。

回顾国际关系的历史我们可以发现，真正成功的大国崛起屈指可数，更多的大国崛起犹如潮涨潮落一般，往往因为没有把握住"大变局"中的大方向、大调整和大格局，最终被历史的大潮拍倒在地。未来30年，将是"百年未有之大变局"战略的"揭晓期"，也是塑造"大变局"历史内涵真正的"决胜期"，更是"大变局"能否真正成就中华民族伟大复兴的"关键期"。

世界政治经济活动的演进和变化都有其周期性，一百年作为时代跨度上的一个"长周期"，国际政治和经济局势将难以避免地出现重大变革。回顾近现代世界历史，"百年未有之大变局"就是"世纪之变"。当这样的大变局开始出现，其影响将是长期和深远的，并必将带来全球权力、财富和利益分配结构的重大变化。更为重要的是，世界发展进程中的"百年未有之大变局"，与中国实现民族伟大复兴的历史进程重合。这对中国和世界来说，都是"危"与"机"同生共存的时刻，也是国际格局和体系大变革、大调整的历史性时刻。

智能革命背景下的全球大变局

高奇琦①

何谓大变局？

全球大变局就是在新的一轮科技革命的条件下，全球主要国家的权力分配发生变化，同时国际体系的权力结构出现新的不平衡的情况。大变局中的"变"是常态。"变"是中国传统文化的精髓。《周易·系辞下》强调："穷则变，变则通，通则久。""变"也是事物发展的动力。《道德经》有言："反者道之动。"然而，"大变局"则意味着整个国际格局正在深刻调整，并且新的发展方向并未完全形成，其中仍然存在大量的不确定性。具体而言，目前的全球大变局主要体现在如下几个方面。

---

① 高奇琦，华东政法大学政治学研究院院长，教授。

第一，全球体系中的领导权正在出现新的变化。美国被认为是二战后布雷顿森林体系中的领导权国家。现实主义理论流派提出的领导权稳定论，认为国际体系的稳定有赖于领导权国家提供公共产品。然而，目前的情形是，美国在放弃自己的领导权国家角色。美国最近一系列行为表达出其对自身参与建立的全球公共秩序的排斥和反复，这就是人们常说的"退群"行为。

第二，之前参与全球领导权的欧洲国家内部也在发生深刻变化。欧洲一体化和欧盟的发展一直被认为是人类社会最伟大的进程之一，即不通过暴力而通过协商的方式来推进超国家的联合。然而，英国脱欧事件则可能成为欧洲一体化进程的分水岭。另外，欧洲面临的移民冲击以及内部的经济不振都是其未来发展的不确定因素。

第三，新兴国家作为一个群体在普遍崛起，G20就是这一崛起的外在反映。但是，新兴国家的发展速度和发展所面对的情况又大有不同。例如，巴西面临经济不景气以及腐败等困境，俄罗斯在新地缘政治的背景下面临尴尬等。所以，新兴国家在未来仍然存在巨大的不确定性。而且，从国际格局来看，全球性的机制并未深刻地反映出这些新兴国家的崛起。

第四，全球南方国家也出现了分化。南方国家中有一部分国家正在崛起，但是绝大部分的南方国家仍然面临各方面的挑战。

许多南方国家仍然面临贫困、不发展等严重的基础性问题。

智能革命对全球大变局的影响

目前的全球大变局是在第四次工业革命的影响下发生的。第一次工业革命的主导国家是英国，以蒸汽机革命为基础。第二次工业革命以电力和内燃机革命为基础，主导性国家是德国和美国，但主要是德国。德国作为新兴工业国家，发展速度非常快。但是因为德国缺乏殖民地，所以与老牌发达国家英国的冲突越来越明显。正因为英国不能接受德国的崛起，第一次世界大战才会爆发。所以，第一次世界大战的爆发与科技革命话语权的转移有密切的关系。一战后，德国的大型企业如法本化学、克虏伯钢铁等巨头并没有完全受到打击。他们希望通过改变国际格局，获得新的发展机会。在华尔街资本的帮助下，这些巨头支持纳粹上台。美国本来是第二次工业革命的主导性国家之一，然而它一直采取隔岸观火的态度。英国和德国在两次世界大战中的竞争，导致两败俱伤，最后美国成为新的世界经济和工业中心。

第三次工业革命是以计算机技术为基础的，主导国家是美国。第三次工业革命中美国有两个竞争对手：苏联和日本。苏联竞争失败最重要的原因是，尽管苏联的军事工业很强大，但是民用技术相对落后。日本则恰恰相反。日本的民用技术很发达，但是由于二战后对日本的限制，所以日本的军事工业一直没有特别大的发展。而目前许多尖端技术都是最先在军事领域出现的，如电脑、互联网、GPRS 等，所以日本在军事领域领先技术的话语权方面一直处于弱势。同时，由于日本处在美国的盟国体系下，所以美国对日本的政治安排往往可以决定日本科技的发展。到上世纪 80 年代时，日本在芯片制造上取得了长足进步，并对美国形成了较大的冲击。因此，美国通过对日本的"广场协议"和"半导体协议"等一系列政治安排来限制日本的科技发展，同时，美国转而支持韩国和中国台湾等地的半导体产业的发展。随后，日本的芯片产业受到了影响，而韩国的三星则在美国的支持下成功崛起。

目前正在发生的是第四次工业革命，即智能革命。智能革命中有两个核心技术：人工智能和区块链。人工智能所实现的是物的智能化，区块链所实现的是关系的智能化。目前许多人工智能的技术都是在计算机革命的基础上发展的，所以美国在这次工业革命中仍然有非常强的话语权。尽管其他国家如德国也提出了"工业 4.0"等新的概念，但是与美国在这一领域的巨大优势相比，德国、日本、英国、加拿大、以色列等都极为逊色。

目前的智能技术主要是建立在大数据的基础上，或者说是数据驱动的智能。近年来智能革命所高度依赖和推崇的神经网络或深度学习等技术，都要建立在大量的数据基础上。运用已有数据训练新的模型来预测未来，成为科学发展的一大趋势。在这样的背景下，数据就变成最重要的资产，而这对人口众多的国家可能是一个重要优势，因为数据是以人为单位进行累加的。在大数据时代，数据就是新的权力。把数据集合起来，然后再通过神经网络等技术来训练模型，就可以对未来作出一些预测以及决策性的参考。

像中国、印度这样人口较多的国家，在某种意义上就有了数据积累的优势，而数据在未来就会变成最重要的资源和武器。欧盟出台的《通用数据保护条例》就是在保护欧洲公民的个人数据，使其不会被谷歌等大巨头轻易使用。这一规定强调数据属于人民，并且鼓励欧洲公司对这些数据的再开发。因为欧洲已经感受到自己在大数据时代的技术没落，所以他们不希望放大这种差距。因此，欧洲一方面采用《通用数据保护条例》防止外来企业对数据的垄断性开发，另一方面则通过《非个人数据自由流动框架条例》推动本土企业在数据的挖掘和开发中逐渐成长起来。

从某种意义上讲，智能革命的相关技术具有某种扁平化的影响，这主要体现在如下两点。

第一，智能相关技术最重要的特点是开源。这在计算机时代已经体现出来，例如，电脑操作系统 Linux、手机安卓系统都是开源的。计算机领域目前形成的传统是，当某一个重大发现或者研究进展出现之后，他们倾向于将其公布在 arXiv 网站上，也会把代码上传到 github 平台上，方便其他的研究者进一步地开发。再如，Python 之所以成为目前最受开发者喜欢的程序语言，就是因为许多开发者基于 Python 开发了第三方的库，使得之后的研究者可以在此基础上进行调用，这反映了人类社会的一种群智的特征，即相互协作可以产生更多的成果。这一理念类似众筹，其在科技研发中的作用也越来越大。中国的知名软件公司"猪八戒网"就采用类似的开发模式。

第二，领先者与赶超者之间的时间差在缩小。在之前的几次工业革命中，领先者与赶超者之间的时间差非常大，例如，当英国发动鸦片战争的时候，中国还处于农业社会，中国跟英国的技术差距可能是几十年甚至上百年。但是在智能革命时代，技术发达国家发布某个成果，例如智能手机、无人驾驶或者无现金支付等，而发展中国家可能一两年后也会出现类似成果，所以这样的时间差越来越小。这就有利于发展中国家的学习和赶超，在某种意义上对于弱势国家有一定的帮助，同时这些特征都加剧了全球大变局的复杂性。

中国在全球大变局中的位置与未来发展方向

在全球大变局中，中国扮演了一个非常特殊的角色。因为老牌发达国家的权力正在流失，而中国则代表发展中国家正在集聚新的发展力量，所以在全球经济下行的背景下，中国为全球的经济发展作出了巨大贡献。中国目前的特殊性在于，一方面中国拥有巨大的工业基础，另一方面中国运用了在人口上的重大优势，正在转变为新的数据优势和互联网应用优势。这些优势与中国广大的市场、相对完整的工业基础以及相对较高的人口素质等诸多因素密切相关。

然而，在新技术智能革命的背景下，中国在某些领域还存在严重的短板，例如，在原发性创新以及核心技术等方面，中国还有许多不足和欠缺。因此中国在未来的发展中，应该更加强调如下几点。

第一，在核心技术上形成突破。在目前正在发生的智能革命中，几乎所有的重要硬件的核心技术都掌握在西方发达国家手中，而中国在芯片制造的技术上还面临诸多瓶颈。一直到中兴事件爆发后，中国才非常重视芯片技术的研发。因此，芯片技术成为未来中国需要发展的核心技术。中国将"互联网＋"和人工智能等作为战略目标来发展，然而，这样的繁荣需要建立在硬件设施的基础上。没有硬件支持，软件是无法运行的。再如，操作系统也是未来发展的关键。因为操作系统涉及系统的安全性等一系列网络安全最核心的问题，而目前无论是电脑还是手机的操作系统基本上都是国外研发的。国外大巨头在操作系统方面的生态优势，是国内的公司在短期内难以赶上的。这些都需要我们进行长期的战略储备和整体研发。

第二，进一步提高对教育的重视程度。一方面，要在与STEM相关的教育上形成新的优势。改革开放以来，中国在教育方面已经取得了显著的进步，但是中国的教育更加强调知识学习，而忽视对学生创新能力的培养。而在目前智能革命的背景下，传统的教育模式可能会被完全颠覆。以知识记忆为基础的传统教育模式与未来智能社会的发展需要之间存在巨大的张力。另一方面，智能人才的培养是未来智能革命的关键。中国人在整体上特别重视教育，在教育上的投入越来越多，如近年来中国对高水平大学建设的投入，这些都是有利的条件。但是，如何在已有的教育框架下做一些创新性的尝试，能够为未来的智能革命储备新的人才，中国还面临巨大挑战。例如，目前人工智能方面的人才非常稀缺，而我们如何能在较短的时间内培育出足够满足我们市场和社会发展需要的人工智能人才，是一个重大的现实问题。再如，目前最为缺乏既懂人工智能技术，同时又了解应用场景和具体相关知识的复合人才。尽管教育部下发的《高等学校人工智能创新行动计划》已经在强调这一点,然而这种复合人才的培养仍然任重而道远。

第三,在科技革命中形成新的话语权。新的话语权既体现在科学和工程意义上,例如在某些科学领域形成突破性的理论等。但同时,更重要的是在标准、安全、隐私、社会伦理等社会科学研究成果方面形成新的话语权。因为智能革命对人类社会产生的诸多影响是尚未形成的,所以传统的研究方法对这些问题难以进行深入研究。因此,这些领域的研究成果几乎都是空白,在未来也会有非常大的需求,因此,这些领域的前瞻性研究成果在未来可能会成为新的理论制高点。中国在两百年来首次与西方发达国家同时站在新的智能革命的起跑线上。中国有这样的实力和理论基础去做相关问题的研讨。因为人类社会的重大问题主要是由社会观念来决定的,所以在相关的社会科学领域中形成新的话语权就显得尤为重要。当然,这一次工业革命还涉及其他领域的一些相关研究成果,例如生命科学、材料技术等。因此,与整个科技相关的社会科学领域都应该成为未来中国社会科学发展的新领域和新发力点。

第四,中国要在力所能及的基础上兼顾全球性公共物品的生产。在目前全球大变局的背景下,一个重要的特点就是全球性公共物品在缺失。美国一直以来都承担公共物品生产的任务，但最近一系列的"退群"行为，使得国际社会上出现了公共物品的真空状态。各国都把重心放回到民族国家内部而忽视了国际社会。实际上，各国的国内发展与国际社会存在着紧密的互动。如果全球性公共物品严重缺失的话，那么各国在国际社会中就会产生很多纠纷，最终又会返回国内，并形成国内问题的集聚。因此，在这样的背景下，全球公共物品的生产就会变得非常重要。尽管中国的整体实力在增长，但是中国目前用来承担全球公共物品生产的力量还远远不够。中国还是一个新兴经济体，在未来的发展中还面临许多挑战。在这样的背景下，中国的"一带一路"倡议和"人类命运共同体"思想就显得非常重要，这意味着中国在力所能及的基础上尽可能地帮助其他发展中国家，但这也取决于其他国家的合作意向。所以，"一带一路"更多是各国共同发展的倡议，而"人类命运共同体"则是未来的全球社会整体发展的理想状态。

全球大变局的"变"与"不变"

全球大变局的"变"主要体现在力量分配的变化上，即国

际社会的权力分配发生了变化：发达国家出现了衰落的趋势，而
新兴国家则在崛起，这就是全球大变局的"变"。同时，大变局
也表明，未来发展的方向并不明晰，趋势还未完全形成。作为第
四次工业革命的智能革命正在发生，而作为传统发达国家的美国
与代表新兴国家的中国都有一定的优势，但未来仍然存在不确定
性。全球大变局的"不变"则体现在全球性问题之中。一些重
要的全球性问题仍然很显著，如气候变化、环境污染问题、能源
问题、安全问题等。未来全球社会要解决这些问题仍然面临很大
挑战。尽管科技革命给人类解决这些问题提供了一种新的可能
性，但是从目前的状态来看，要解决这些全球性问题仍然任重道
远。我们不能低估这些全球性问题解决过程中面临的困难。整体
而言，全球大变局这一概念给我们今天带来一种新的思考：目前
的全球格局仍然充满了巨大的变数，而我们不知道未来全球社会
发展的具体方向。虽然"人类命运共同体"是中国为全球社会
的未来方向所提出的中国方案，但是全球大变局告诉我们，未来
朝着这个目标发展的道路仍然充满荆棘，需要不同国家和族群的
人们共同努力来消除歧见和达成共识。

篇二

如何应对"百年未有之大变局"

世界大变局视域下的中美关系

傅 莹[①]

世界正经历"百年未有之大变局"。在这一时代背景下，中美关系进入变化、下滑和漂移状态。中美之间的战略定位与互动，不仅将决定两国关系的未来，也将成为左右未来世界格局演进方向的关键因素。我们应在大国博弈的复杂环境中保持战略清醒与定力，妥善处理中美关系中出现的新挑战和新问题，确保实现"两个一百年"战略目标和中华民族的伟大复兴。

一、"百年未有之大变局"的核心是世界格局之变，动能之一是中国的崛起

习近平总书记多次指出，当今世界正在经历百年未有之大变

---

① 傅莹，清华大学战略与安全问题研究中心主任，外交部原副部长。本文基于作者在 2019 年第 19 期《世界知识》杂志上发表的同题文章编辑而成。

局。他在 2018 年 6 月的中央外事工作会议上强调，中国处于近代以来最好的发展时期，世界处于百年未有之大变局，两者同步交织、相互激荡。这一论断是运用辩证唯物主义方法论，在深刻把握事物发展规律和人类历史演进规律的基础上，对时代特点和国际趋势做出的科学判断。

广义上讲，世界格局是指一定历史时期内国际力量的结构，狭义上是指在国际舞台上博弈的主要力量之间的相互作用，以及由此形成的相对稳定状态。随着冷战时期美苏对峙的两极格局解体，美国成为唯一霸权国，并试图确立以"美国治下的和平"为特征的单极世界。然而，在经济全球化大潮的推动下，世界格局实际上呈现的是"一超多强"形态。经过 20 多年的演进和多种力量消长的相互作用，后冷战时期的世界格局在 21 世纪的第二个十年开始发生动摇。

中国的上升和美国的收缩，构成新一轮世界格局调整的主要牵动因素。中国在共产党的坚强领导下，坚持正确的政治方向，不断深化改革、扩大开放，经济实现较长时期高速增长，人民生活水平得到显著提升，尤其是基础设施之完备、制造业规模之巨大，受到全球瞩目和认可。在 2007 年美国次贷危机引发的世界范围的金融和经济危机中，中国经济表现良好，在全球经济增长中发挥了"火车头"的作用。中国在制度、文化、军事等方面的影响力开始上升，在国际事务中的发言权和影响力都得到增强。

美国在"9·11"事件后发动反恐战争，对伊拉克、阿富汗采取军事入侵的行动，并试图对这些国家进行整治改造，其追求的目标超越了现实可能和自身能力，造成战略透支。而在经济层面，后冷战时期的美国，全要素生产率增长呈现下降趋势，2004—2014年为0.4%，不到上世纪70年代的1/4，科技创新对实体经济增长的拉动作用放缓；监管失策导致2008年国际金融危机，波及欧洲乃至世界其他地区；国内二次分配上也没有跟上经济全球化的步伐，贫富差距拉大。美学者对目前的政治极化和政府效能下降忧心忡忡。

美国作为世界的主导性大国，在战略判断和政策上不断出现失误，导致国力和影响力下降，财政捉襟见肘，主导世界事务的意愿发生动摇。特朗普治下的美国，不再热衷于对外投入，急于甩掉"不必要的"责任，避免再陷入热点泥潭。这样的美国，即便能维持世界强国地位，也已开启霸权盛极而衰的曲线。美国开始对其他大国的上升感到焦虑，从战略上重新聚焦大国竞争。与此同时，西方"市场经济+自由民主"的模式遭遇信心危机，欧盟出现离心和右倾倾向，内部矛盾突出，联合行动能力减弱，与美国的矛盾也在扩大。在美国国际地位动摇的背后，是整个西方世界的地位危机。

用一组数据很能说明力量对比的变化。据世界银行统计，1991年冷战结束时美国国内生产总值（GDP）的全球占比是25.73%，经合组织（OECD）国家是82.7%，中国是1.59%；2018年美国是23.88%，OECD国家是61.3%，中国是15.9%。2003年美国发动伊拉克战争时，中国的GDP相当于美国的1/9；2010年美国自伊拉克撤军时，中国的GDP已接近美国的1/2，现在则达到美国的60%以上。照目前趋势，中国在2035年前后成为世界最大经济体是大概率事件。然而，美西方仍然拥有相对较强的综合实力和国际体系里的优势地位，其相对下降是"慢动作"过程。考虑到美国的自我修复能力和汇率因素、国际安全等变量，美国国力的恢复也不是完全不可能的。

中美在同一国际体系的有限时空内出现反向演进，必然带来国际权力调整的张力，也更加凸显两国包括政治异质在内的结构性矛盾。未来相当长时期，美国无力阻挡中国的崛起和发展，中国也不具备全面取代和挑战美国的充分条件，双方相互竞争、彼此防范，但又无法彻底对立隔绝。在真正确立多极格局之前，世界将在过渡期中摸索前行，这期间的不确定性和机遇、风险都会更加复杂。

二、中国之和平崛起是在经济全球化深入发展、科技革命日新月异背景下的新型崛起，时代的变革为中国的成功提供了机遇

作为世界格局之变的重要背景，经济全球化有力促进了资本、技术、劳动力、信息等生产要素在全球的优化配置和世界市场的不断扩大，不仅带来财富的快速积累，也导致世界权力越来越分散，不可避免地引起世界经济、政治利益和制度、文化影响力的重置。数百年来，世界工业化和经济的重心局限于西方世界内部，冷战后中国等新兴市场国家加入经济全球化浪潮，促成今天这样的产业链和利益链在全球范围更加广泛地分布，中国这样的规模大国也得以从链条低端向中高端攀升。

不可否认的是，全球治理的"能力赤字"也日益暴露，财富过度集中、金融缺乏监管等弊端凸显。反全球化、逆全球化浪潮兴起，民粹主义和保护主义泛滥。特朗普正是被这股潮流推上台的，他主张的"美国优先"，大搞保护主义，使全球体系面临裂解、重组的压力。与此同时，气候变化、恐怖威胁、海上安全、塑料污染等全球性挑战，呼唤更有效的全球治理，人工智能

等新兴技术的快速发展也要求国家间携手合作、防范风险。改革和完善全球治理的需求，呼唤中国等新兴发展中国家也承担部分责任。中国通过倡议"一带一路"、创设亚洲基础设施投资银行、推动金砖合作等努力，主动提供新型公共产品，赢得了越来越重要的国际影响力。但全球治理"赤字缺口"巨大，并非任何一国能独自填补，未来全球的改革和完善离不开国际协调与合作，也不可能脱开现行国际机制"另起炉灶"。

世界变化的另一重要表现是，以人工智能、清洁能源、机器人技术、量子信息、虚拟现实及合成生物技术为代表的新技术不断取得突破，预示着第四次工业技术革命的到来，足以颠覆人类生产生活的传统形态。而在这些新技术力量的推广和应用中，美西方与新兴国家都参与其中，中国也及时搭上了信息技术革命的快车，依托雄厚的制造业基础，发挥制度、产业和人才优势，在人工智能、云计算、网络、区块链、感知应用、5G 等领域，站在与发达国家接近的起跑线上，在个别领域甚至争取到优势。当今世界，美国仍是最能孕育和研发新技术的国家，中国则以融合和应用见长，未来第四次工业技术革命的成功离不开中国的贡献和中美两国的合作。

三、中美关系快速下滑，美方是这场博弈的挑起者，两国关系走向正成为左右未来世界格局演进的关键

国际关系理论惯用"权力转移"来描绘世界格局转换，其基本逻辑是：主导国通常不肯让权给崛起国，而崛起国必会利用自身快速增长的实力，拓展海外市场、堆积军事能力、垄断尖端技术、排挤主导国利益，藉此改变原有秩序和规则，谋求与自身新的实力地位相匹配的"国际特权"，由此导致既有秩序的瓦解。当崛起国的努力取得成功、世界主导权的过渡完成时，新的秩序就开始了。回望历史，近代以来的世界"领导权"的转换都是在西方国家间发生的，虽不乏激烈争夺，但竞逐者毕竟有着相通的宗教、文化和政治背景，所产生的"权力转移"本质上是同一政治文明形态内部的"领导权"更迭。比如 19 世纪后半叶美国与英国之间的世界权力更迭，基本上是以和平的方式实现的，美国借助在 20 世纪的两次世界大战中积累的实力，成功实现了对世界权力的接替和对国际体系的部署与掌控。

然而进入 21 世纪，世界格局再度出现调整的动向，而这次

推动变化的张力不是完全来自西方同质文化圈内的国家关系变化。新的冲击力至少部分是由中国这样一个在历史、文化乃至政治信仰和发展道路都与现存主导性大国截然不同的国家之崛起带来的。中美多重特质差异决定了这一轮格局转换中的利益重置和规则的再确立，其特殊性、广泛性、复杂性都将是数百年来国际关系史上前所未有的。

美国面对的是中国共产党领导的东方社会主义大国崛起。不同于当年的苏联，中国已融入全球经济体系，与美西方的经济、贸易等利益深度交融。美国无法像对待苏联那样全面遏制、彻底打压中国，更何况中国并没有显示出要与美国争霸世界的政治意图。中国的国际政治基因是反对霸权的，中国的国际政治主张的倾向性是多边主义和多极化。但是美国出于霸权的惯性，做不到对中国的追赶无动于衷，也不想任由中国尽享机遇。特朗普上任以来，美国大幅调整对华政策，释放出大国博弈的信号，摆出如果中国不想打冷战就必须改变自己的挑衅性姿态。但目前特朗普政府难以完成美国对华新战略思维的构建，他本人更关心的是在竞选中有过承诺的经贸等具体问题。而美国战略界的强硬势力显示出更深的竞争意图，短期内试图尽可能地压制中国的赶超势头，长期则想通过战略围堵和遏制，赢得阻止中国获取所谓世界主导权的终极博弈。一段时间以来，一些鹰派势力试图在特朗普政府与中国的摩擦中增加冲突因素，包括在贸易谈判中增加政治要求，在科技、军工、电信系统等关键领域进行"脱钩"。美国军方则以西太平洋、东印度洋为重心，升级军事部署、强化同盟网络、开展战略统筹，利用南海、台湾等问题加强对中国的制衡。

如果把目前美国对华政策的调整比作一个360度的"圆"，那么前半个"圆"算是画完了，也即美国国内基本形成必须调整政策以更坚定、有效地牵制中国的共识，要把中国当作一个崛起的强国对手来对待。但后半个"圆"怎么画，也即究竟构建什么样的对华新政策，则还缺乏清晰的共识，有主张"聪明竞争"的，在加强遏制的同时保持接触合作，也有主张不惜一战全力打压中国的。

未来中美关系会往什么方向走，无非三种可能性：第一是经过一段时间的较量和磨合，双方找到新的交往路径，实现某种"竞合"（coopetition）态势，即保持必要的互利合作，管控好不可避免的良性竞争。这是一个比较理想的前景，需要双方共同努力去实现。第二种前景是滑向全面对抗。美国决策层确实有股力量在推动对华政策往这个方向走，其动员力和影响力都在扩大。他们已经在一些领域着力推动两国关系脱钩，作为迈向对抗的前奏。第三种趋势则是继续像目前这样漂流（drift）一段时间，拖延对相互关系的最终定位，这样有利于更加冷静地观察和判断，挑战在于如何把控好对突发事件的反应和再反应。

美国似乎认定中国是要争夺主导世界的权力，因此把与中国的竞争视为一场输不起的较量。这是在对中国意图曲解基础上的一种严重误判。而在中国，许多人认为美国试图阻止中国的发展，阻挡人民实现更好的生活。中国对此必须进行坚决的斗争，不能允许任何人阻挡我们追求人民幸福和国家富强的努力。中国从未提出要与美国争夺世界霸权或取代美国的政策，我们走的是和平发展的道路，争的是自己合理和平等的发展权利。

由此可见，中美关系已揭开新篇章，彼此既存在观念、目标、路径上的差异，也有广泛的共同利益需要协同，未来世界格局如何演进很大程度上取决于中美两国的选择。

四、怎样在"百年未有之大变局"背景下，维护和平与发展的时代主题，推进构建人类命运共同体，是中国需要认真思考和回答的历史命题

在 2018 年 6 月召开的中央外事工作会议上，习近平总书记强调，从党的十九大到党的二十大，是实现"两个一百年"奋

斗目标的历史交汇期，在中华民族伟大复兴历史进程中具有特殊重大意义。我们要深入分析世界转型过渡期国际形势的演变规律，准确把握历史交汇期我国外部环境的基本特征，统筹谋划和推进对外工作。

"百年未有之大变局"的根本动因来自世界主要力量的消长变化，不是脱离中国而发生的。崛起的中国既是"变局"中的一大促进动因，又是"变局"巨大影响的承受者，更是其方向的重要影响者之一。没有什么比做好我们自己的事更重要。在此基础上，我们需要把中国自身的变化与世界的变化放在一起观察与考虑，找准中国的位置、利益和作用，把握好变局当中蕴含的机遇和挑战，坚持改革开放、融入世界，坚持推动和平合作，坚持推进全球治理变革，主动驾驭、影响和塑造变局，为维护世界和平、促进共同发展发挥影响力，进而推动构建人类命运共同体。

"百年未有之大变局"是和平与发展大趋势动态演进的结果。尽管世界乱象横生，但尚未打破大国的相互制衡，尚未瓦解经济全球化条件下的相互依存，也未能颠覆二战后行之有效的外交原则和国际机制。世界总体和平与发展的态势没有发生根本性改变，中国的积极影响也将日益强有力地作用于这个世界大趋势。正如习近平总书记做出的论断："和平与发展仍是时代主题。同时，世界面临的不稳定性不确定性突出，人类面临许多共同挑战"。这一论断提示我们，在对和平与发展保持信心的同时，不能高枕无忧，对变化视而不见，必须对风险挑战的不断增多有足够的警觉和反应，统筹好国内与国际两个大局、发展和安全两件大事，主动博弈、积极引导，努力塑造良性发展条件，有效防范、应对各类风险。

形势固然复杂，中国方向是明晰的。我们党和国家在现阶段的中心任务是确保实现"两个一百年"战略目标和中华民族伟大复兴。在习近平新时代中国特色社会主义思想指引下，中国的最大利益在于确保迈向强国的进程不被中断，实现"两个一百年"奋斗目标不被阻挠。大的选择已经做出，一系列次级选择和操作均需与之匹配和协调，其他所有利益和目标均应服从和服务于大的目标和方向。

美国现阶段对中国疑虑和竞争性上升，同时又与中国有着千丝万缕的联系和不可或缺的合作需求，是中国必须长期打交道的对象。美国作为霸权的衰落可能是个长期缓慢的过程，作为世界强国仍有明显优势，对世界的金融、通道乃至信息等关键元素仍有相当的掌控力。这个现实构成中国和平崛起的典型外部条件，中国需要继续适应和努力维系现行秩序和体系，在此基础上改造其不合理、不公平之处。应对与美国的博弈亦是需要在这个框架之内进行的。靠妥协难以协调出合理的中美关系新态势，要敢于斗争、善于斗争，通过斗争维护核心利益和关键利益，通过斗争防范各种风险和挑战，在斗争中推动形成新的交往范式，争取实现和平竞争、合作共赢的新型"竞合"关系。

对中国来说，俄罗斯既是最大、最重要的邻国，也是目前在全球舞台上最可倚重的战略协作伙伴。一个高水平、强有力的中俄双边关系不仅符合双方利益，也是维护国际战略平衡和世界和平稳定的重要保障。习近平主席 2019 年 6 月访俄正式宣告，中俄战略协作伙伴关系迈入新时代，我们需要适应新时代的要求，在复杂变化的国际形势下赋予两国关系更宏阔的内涵，不断开创合作新局面，这包括在"大安全"理念下将支持彼此的发展道路提升到政治安全合作的高度，也包括深化经贸关系和军事安全合作，使双边关系有更强劲的表现。

中国国际关系的根基在周边。中国要在国际上发挥大的作用，首先需要有能力维护周边和平、稳定与繁荣。我们需要不断增强在周边外交中的主动性，更加积极地参与亚洲事务，尽可能多地争取伙伴，以亲诚惠容的实际言行赢取人心。在经贸和安全上促进共同制定处理分歧与矛盾的规则和机制，以便于遇到重大问题时能有效共同应对。升级"一带一路"推进模式，例如，在处置纠纷的法律框架、环境保护的共同标准和处理债务的协调方式等方面，与相关方研究并提出解决方案，通过更多的民生、民心工程和公共产品，加大周边合作和各国之间的相互倚重和认同。

中国是在现行国际秩序和全球体系框架内和平崛起的，因此有责任维护之，但也要直面现行秩序不公正、不合理和滞后于时代的方面，积极推动改革和完善全球治理。中国凭借自身天然禀赋和后发优势，应能扮演更重要的角色。"一带一路"倡议等为经济全球化赋能，最终将世界旧的霸权体系转换为有利于世界各国和平相处、共建繁荣的新体系，构建人类命运共同体。随着新科技的兴起，中国要勇立创新与应用潮头，积极参与和影响人工智能等新技术的规范和规则制定，努力促使新技术的研发和应用造福于人类共同福祉，而非加剧恶性斗争。中国只有为完善全球治理作出更多实际贡献，才能印证"中国越强大，世界的和平、发展与繁荣越有保障"的道理。

我们也非常需要做好政治和政策上的国际传播，更好地维护和提升自身国际形象。需要超越传统思维和方式，提升国际化和专业化水平，学会不仅多做还要多说，不仅做好还要说好，培育和提升国内和国际舆论的动员能力。需要国际思维，扩大国际视野，把思想统一到习近平外交思想的认识上来，增强大家对国家总体目标和外交大方向的了解和认同。在国际上更好地解释和说明自己，给世界稳定的预期，为中国的和平崛起赢取更多理解和支持。中国与国际社会的沟通应是多层次的，除了官方交往，有必要动员国内各类力量广泛参与，及时主动发出有说服力的声音。

当今世界处于两极格局瓦解后、多极格局确立前的漫长过渡期，风险和挑战高度集中。但中国毕竟是这次变局的主要牵动力量之一，在对冲风险的同时，我们也需要增强对世界和平与发展的责任意识。从现在起到 21 世纪三四十年代，是中国实现"两个一百年"战略目标的关键期，中国崛起的大势是任何国家任何人任何势力都难以阻挡的。我们需要统筹好国内国际两个大局，增强"四个意识"，坚定"四个自信"，保持战略定力，发扬战略智慧，努力把握世界格局转换的正确方向，开启中国能够参与其中并发挥更积极作用的新的全球时代。

补记：这篇文章是 2019 年秋为《世界知识》杂志"新中国外交 70 年"特刊而作。当时，中国战略学界正在深入学习习近平总书记做出的"当今世界正在经历百年未有之大变局"论断，研讨如何结合新时代中国特色社会主义大国外交，深化认识、指导实践。这篇文章的重点是对世界格局之变和中美关系之变的关注，反映了我和清华战略与安全中心的学者对讨论的参与和思考。文中提到,"百年变局"的核心是世界格局之变,动能之一是中国的崛起,而中美关系正在成为"左右未来世界格局演进方向的关键"。冷战后中美两国的国家基本路线,呈现两种不同方向的演进。中国判断和把握住了世界"和平发展"的时代主题,顺势而为,坚持改革开放、集中精力发展经济。美国陷入霸权的自我消耗,呈现战略收缩的姿态,"灯塔效应"也变得黯淡。中美在同一国际体系中的反向演进,必然带来国际权力调整的张力。

进入 2020 年,新冠肺炎疫情突如其来,成为战后世界史的一道分水岭。国际学界普遍认为,从目前的情形看它带来的变化并非颠覆性的,而是在产生催化剂和加速度的效果,全面加快和深化了已经在发生的趋势,包括自由主义国际秩序的空洞化、全球供应链的调整重组以及世界多极化趋势的不断增强,从不同角度印证着的"百年变局"的论断。而在这些变化中,中美关系的恶化趋势还因特朗普政府不断的挑衅言论和行为继续加深,两国矛盾的突出,加快国际格局的变动和转换。这必然会影响到两国探索新路径的互动方式和节奏,中美界定彼此看法和相处方式的迫切性变得更加突出。如何准确判断世界潮流并顺势而为,如何妥善应对美国的竞争挑衅,对内确保实现"两个一百年"目标的进程不被打断,对外赢得和保障国家发展所需要的和平与合作的环境？这些是中国在 21 世纪历程途中必须面对的大问题。一场博弈的大幕已经拉开，中国无论是否情愿，都已被裹挟其中。未来中美是否会陷入零和对抗，抑或实现"竞合"关系，关键要看两国能否客观认知对方的实力与意图，进而找到彼此目标相容的空间。

是以补记，写在我的文章被收录进《理解"百年未有之大变局"》一书并即将付梓之际。

疫情会永久性改变世界秩序吗?^①

阎学通

疫情中的中美关系与合作抗疫难点

澎湃新闻：国际政治中，非传统安全领域往往比传统安全领域更容易合作，但是为什么此次中美两国在非传统的抗疫领域合作少于对抗？

阎学通：病毒扩散是中美面临的共同威胁，抑制病毒扩散本是双方的共同利益，然而防范病毒扩散是需要付出经济和社会代价的，即国力增长速度要下降。中美实力增长速度的差别直接关系到双方实力对比的变化。当一方实力增长速度严重下降而另一方增速保持不变时，双方的实力对比就会快速向实力增长速度不变一方倾斜。

---

① 本文系澎湃新闻高级记者于潇清 2020 年 4 月 29 日对阎学通的专访。阎学通系清华大学国际关系研究院院长、世界和平论坛秘书长。

如果中国实力增速大幅下降而美国的不变，中美实力差距将从缩小转向扩大，反之则加快缩小。疫情在中国暴发后，美国认为疫情只影响中国实力增长，不会影响美国，没有与中国合作的意愿。这是相对实力的零和性使得中美在疫情初期未能合作。

美国政府在疫情初期没采取严格隔离措施，疫情在全国扩散后，自然就面临着社会的追责压力。美国政府承担不起防疫不力的追责，试图以病毒源问题把责任甩给中国。于是病毒源问题不再是个国内问题了，而成了国际冲突。在主权规范的国际体系中，只能以主权国家为防疫单位，各国自主决定的防疫政策不同，必然造成冲突。

澎湃新闻：疫情当前，我们留意到美国对华、中国对美都有着非常多元化的声音，您认为疫情当下，美国与中国各界对华、对美认知的共识分别是什么？

阎学通：正如你观察到了，中美两国的舆情都非常多元。社会观点多元意味着社会共识较少。不过，在具体问题上的观点不同并不意味大家对中美关系的认识毫无共识。美国各界对中国认识的共识是，中国与苏联不同，中国在国际上看重的是实际利益而不是意识形态；中国不想与美国进行冷战，因为这对中国不利。中国各界对美国认识的共识是，美国综合实力比中国强大，但美国的全球领导力在下降；美国衰落是缓慢的，不会像苏联解体那么快速沉沦。

两国社会的多元声音有助于阻止极端的所谓"政治正确观念"在双方国内的形成。如果舆论不是多元的，就不能排除极端思想观念成为主流的危险。如果以战争手段一决雄雌的观念成为社会主流共识，其结果将是悲惨的。因此，我们需要防止那些推动中美意识形态之争的势力坐大。

我认为，长期以来中国人民和美国人民之间的友谊从来都没有发生过根本性的变化。从争取美国大众支持与我国合作的角度讲，我们可做的事情很多，有两点特别值得考虑。一是一定要区分美国政府和人民，这是我国政府以往多年执行的统一战线原则。与美国竞争不是与美国老百姓的斗争，对美竞争的政策要针对美国政府而不要针对美国老百姓。二是要区分国家关系和人民关系，这可防止助长美国反华势力。两国民间机构和百姓之间有各种各样的联系，这些联系都是促进双边合作的因素。对这样的联系要减少限制，尽量扶持。

数字时代中美竞争的应对之道

澎湃新闻：您此前撰文谈到数字经济时代中美两国战略竞争

会集中在技术上,数字经济时代下的大国竞争的战略环境发生了什么变化? 美国计划采取退出《外国直接产品规则》的策略,将对中国企业比如华为的限制,从以往的对产品限制提升为对芯片等原材料的限制,这说明什么?

阎学通:在数字时代,大国战略竞争的战略环境变化主要是两方面。一是财富主要来自科技创新能力而不是对自然资源的控制能力。二是国家面临的最大安全威胁来自网络世界而非自然界。如今的疫情让人们清楚地看到,现代生活对网络的依赖性很强,这既意味着网络对人类生活的重要性,同时也意味着一旦网络出问题其危害巨大。这种环境变化使得大国战略竞争的领域自然集中于科技创新。哪国科技创新能力强且持久,哪国的实力增长就比他国快,也就拥有国际发言权甚至主导权。

随着数字技术对国计民生的影响日益上升以及中美双方数字技术实力差距接近,中美在数字技术方面的竞争日趋激烈。这是个自然形成的过程,不是人为设计的。目前中美在 5G 技术上的竞争,本质上是 5G 无线通信技术标准的规则之争,是以哪国的技术标准为国际标准的问题。

中美在数字技术的规则竞争中主要靠的是技术实力,即技术的先进性且价格低廉。谁的技术得到普遍应用,谁的数字产品和服务占领的市场大,谁就拥有了规则制定权。不断提高自身创新能力且长期强于对方的创新能力才是竞争的根本。

美国加大对华为的限制是因为华为的技术创新能力比美国的企业强。而当华为的技术创新能力远远超过美国，美国企业需要通过与华为合作提升其科技能力时，美国就不会限制了，因为再限制就不利于美国的科技进步了。

在所有竞争中，都是弱者希望与强者合作以提高自己的能力，而强者不愿与弱者合作，认为自己受益少。

澎湃新闻：中国应当如何"接招"？

阎学通：我认为这有三个方面：一是加强与其他技术发达国家的合作。德、日、俄、法、英、以色列虽然各自的总体科技能力都不如美国，但他们在某些技术上比我国先进，甚至在个别技术上比美国先进。与这些国家进行科技合作有利于提高我国的科技创新能力。二是调整科技创新政策，给科研机构和科研人员更多的自主权。很多数字技术创新是自下而上发生的，国家顶层设计的科技项目应限制于个别项目，增加对自主创新项目的支持力度。三是高薪引进外国著名科技人员。体育和娱乐业采取高薪引进外援提高水平的方法值得科技领域借鉴。这个策略的效果取决于引进的科技人员的水平是否高于或至少不低于国内的最高水平。引进国际上二、三流的人才，这个策略就发挥不出实际作用。

澎湃新闻：技术和数字层面的竞争将如何影响未来一段时间内的世界国际秩序?

阎学通：中美两国的数字技术明显比其他国家先进,两国已经占有了全球数字经济的主要份额,与此同时,由于数字经济增长速度快于其他经济领域,高数字化国家与低链接国家之间的差别会越来越大,这意味着国际层面的社会两极分化将更加严重。由于中日韩的数字化水平高于欧洲国家,因此世界中心向东亚转移的速度会加快。由于网络安全威胁不断上升,以及产业链的脆弱性增长,互联网碎片化和产业链缩短化甚至国内化的现象有可能出现。

疫情会永久性改变世界秩序吗?

澎湃新闻：目前美国已经成为全世界新冠肺炎疫情最为严重的国家,此时美国政府选择对世卫组织"断供",您认为这些事情本身会对美国自身的国际地位造成什么影响?

阎学通：第一,美国对世卫组织的援助并没有多少,两年总共不到10亿美元。对这场疫情来说,有没有美国这几亿美元对全球防疫没有实质性意义。第二,目前全球合作抗疫的核心靠的都是双边合作，多边合作并没有解决合作抗疫中的实质性问题。欧盟已经是多边合作基础水平最好的机制，它们有联合抗疫吗？如果说有一天这个世界真的要进行所谓的全球联合抗疫，首先得是大国联手进行抗疫，而且大国都是双边联手抗疫。大国之间不联手，全世界想联手抗疫是做不到的。

疫情对一个国家的国际地位的影响，主要取决于死亡人数，多少人得病不是最重要的。美国由于死亡人数全球最多，这对美国的"国际样板"作用将构成重大打击。美国有这么雄厚的物质基础、医疗条件和医学知识，居然成为死亡人数最多的国家，这说明这届美国政府的领导力弱，它没有能力运用自己本国的物质资源和科学技术能力来防止大规模死亡，而这正在伤害美国自身的国际地位。

美国政府在防疫问题上如果被证明领导力是低下的，这意味着美国在世界上的领导力将进一步下降，这不是别人印象中的下降，而是客观上领导力本身在下降。

澎湃新闻：您如何看待疫情本身对于当前全球国际秩序和国际格局的影响？

阎学通：基辛格做了一个判断，说疫情将永久性地改变世界，这句话影响比较大。基辛格之所以做出这么一个判断，应该说他是把现在的疫情和第二次世界大战相比，这样就出现了一个很大的问题——那些过度夸张疫情对国际格局影响的都是把疫情理解为或者说是作为战争来对待。战争对国际格局的影响是巨大的，这无可争议。但这次疫情没有二战那种改变国际格局的力量，改变不了。

澎湃新闻：我们来看一下经济，之前有报道说美国已经有2600万人因为疫情可能面临失业，国际货币基金组织（IMF）也预测，疫情对于经济的影响可能会跟当年"大萧条"时候差不多。您如何看待疫情对于全球经济的影响？这又将在多大程度上改变这个世界呢？

阎学通：第一，疫情严重的国家经济出现衰退是一个正常现象。失去的时间是不可能抢回来的。世界各国包括国际组织到四月才认为世界经济会严重负增长，认识得这么晚，我觉得是比较奇怪的。在这次疫情面前，我们看到学者对疫情影响的认识，明显比政府和国际组织认识得要早和更为深刻、准确。

第二，如果在疫情之下，还有国家寄望自身经济增长能和去年相似，这不是实事求是。此外，现有的国际组织，本身是在世界的无政府体系内建立的，作为国际组织，他们主要起咨询和协商的作用。疫情告诉我们，抗击疫情只能靠主权国家。这是因为，我们今天仍然是主权国家为最主要国际行为体的国际体系。在这个体系中，主权是维护国际秩序稳定、维持国际经济能够正常运转的根本基础。摆脱主权想做的事情，总体来讲，不太可能取得实质性的成果。由于现存所有的国际组织、国际框架没有以主权为基础，所以他们都很难解决实质性问题。

澎湃新闻：像美国断供世卫、部分国家之间抢夺防疫物资，其实都是打破规律或者说国际秩序的做法，国际社会在应对疫情来临时出现了团结的声音，但是否也不免出现这种打破承诺、变身"丛林法则"的现象？

阎学通：这很简单，人在要死的时候，会关心规则还是关心生命？对个人来讲是人得活下来；从国家来讲，是国家得活下来。在生死存亡面前，第一原则当然是要先保住命才是最道义的。如果连命都保不住了，那道义在哪里？存在是今后是否讲道义的基础，如果不存在了，也就没有道义的问题了。

澎湃新闻：在此次全球抗疫过程中，令您印象最深的是哪一件事情？有没有具体个案？

阎学通：让我印象最深刻的是，当面临生命威胁的时候，这个世界才认识到原来命比钱重要。一句话，经济决定论当下在很多国家影响太大，认为有钱就有了一切，等面临生命威胁的时候才发现钱保不住命，这时候才知道只靠钱不行，保住命是必要条件。长期以来，我就认为一些国家政府过分注重金钱，而对安全问题关注不够。

澎湃新闻：网上也有人关心疫情如果持续下去，各国之间有没有可能矛盾激化最终导致冲突甚至战争的发生?

阎学通：提到疫情会导致战争，我的回答非常简单，这是不可能的！人类历史上还没有因为发生大规模疾病而导致战争的先例。疾病本身对人类构成威胁，怎么可能还会再带来战争? 第一，应对疾病的国家忙不过来，没有精力去发动战争; 第二，无论核国家是否发生疫情，核武器都能防止他们之间发生战争; 第三，即使将疫情归咎于他国，也不会采取战争方式来遏制疫情，因为战争没有消除疫情的功能。

疫情结束后的世界与全球化

澎湃新闻：您在此前所写的《历史的惯性》这本书中，曾经预测过十年后世界的样子，在您的判断中疫情结束之后世界会是一种什么样的情景? 我们所认知的全球化发展方向会在疫情之后继续持续，还是向别的方向发展?

阎学通：2013年我在《历史的惯性》中预测了欧洲一体化将倒退。根据我的观察，全球化从2016年开始出现了倒退，或者说全球化的势头从那时起就开始弱化了。2016年的英国"脱欧"是典型的逆全球化的开始，这个变化是在反全球化的基础上形成的。反全球化是指中小企业和普通老百姓对全球化的反对，逆全球化是指各国政府开始加强主权边界，以及对网络的控制，抵制全球化对国家主权的侵蚀。我认为逆全球化是从2016年就开始的，这场疫情并未改变全球化倒退趋势，而是加快全球化的倒退速度。

过去很多人把全球化理解为一个正面含义的事情，总是把好的事情归为全球化，把全球化的负面影响说成不是全球化。这次疫情让大家看清楚了，全球化是一把"双刃剑"，它有好的方面，促进了人员往来、资金流动自由、形成全球产业链、降低了生产成本，但是它同时也促进了疾病传播速度、恐怖主义全球泛滥、污染加剧、走私贩毒这些犯罪活动更加猖獗，而最严重的是全球化促进了国际社会的两极分化，也就是人类社会贫富两极分化日益严重。

这样一来，人们反对全球化坏的方面的力量就会不断加强。疫情并不是放大了全球化的坏的方面，它只是帮助人们看清楚了这一点。过去人们有些忽视，特别是推崇全球化的人，故意掩盖和否认全球化的负面作用。

澎湃新闻：目前新冠肺炎疫情在全球形成的大流行对于当下的全球化发展究竟有多大程度的影响？

阎学通：这次疫情对全球化的正面作用是一个严重打击，有些人会更加恐惧全球化，会更加不支持全球化，会更加反对全球化，也就是说逆全球化和反全球化的力量会上升。他们并不是反对全球化好的方面，而是反对全球化坏的方面，而这些全球化坏的方面是跨国公司解决不了的问题。

全球化是跨国公司推动的，它们只想享受好处，不管随之而来的负面问题，交给国家去进行全球治理。全球治理的对象就是全球化的负面影响。这次疫情暴露出，任何跨国公司都没有全球治理能力，防疫中最多能起配合政府的作用。当全球化的负面作用到来的时候，享受全球化最大好处的跨国公司没有承担全球抗疫治理责任，这次防疫都是以主权国家为单位进行，没有以企业公司为单位进行，当然这些企业也没有这样的权力。

这次疫情之后，全球治理肯定会变得更弱，对全球化负面作用的抑制能力可能更差。严格意义上讲，疫情会使全球化的正面作用加快萎缩，但是没有人能知道疫情能否使全球化的负面作用也萎缩，至少现在还不知道。我判断，疫情之后所有的跨国公司都会缩短它们的产业链，因为产业链长了，危机带来的代价太大，承受不了。世界上的大国，也一定会推进产业链的集群化，也就是国内化。

在全球层面治理"百年未有之大变局"

庞中英　卜永光[①]

在做出"百年未有之大变局"（以下简称"大变局"）的重大判断后，最主要的问题是如何应对"大变局"。历史经验表明，治理"大变局"最有效的途径不是别的，而是有效的国际合作。问题是，现存的全球治理，尤其是最为基础的经济（包括贸易、货币、金融、发展等）治理和气候变化治理，正在受到弱化或者变得困难化，甚至陷入危机。这就构成了一个时代的悖论，一个"大变局"——最需要全球治理的时代，却也是最缺少全球治理的时代。从应对"大变局"的角度，全球治理必须得到加强或者改善。

---

① 庞中英，中国海洋大学海洋发展研究院院长，教授；卜永光，中共浙江省委党校（浙江行政学院）政治学教研部副教授。

一、通过全球治理应对"大变局"的历史经验

这些历史经验主要包括：19 世纪的"欧洲协和"（Concert of Powers）及其带来的"百年和平"；1945 年后，在联合国和国际经济组织存在的情况下，国际治理升级为全球治理，世界经历了接近 80 年的长期和平发展。

19 世纪的欧洲已经具有当代全球治理的最为实质的内容和形式。米锃（Jennifer Mitzen）认为，全球治理是集体意图的形成和维持、是各国对一起解决问题的共同承诺。"欧洲协和"正是这样一种安排。今天我们所谈的全球治理①，其在 19 世纪的起源（origins）正是"欧洲协和"。②

从拿破仑被打败到第一次世界大战爆发的 100 年（1815—1914）是全球治理之前的关键时期，我们可以用"前全球治理"

---

① 著名的"全球治理委员会"（www. britannica. com/topic/Commission-on-Global-Governance）成立于 1992 年，随后该委员会出版其轰动一时的《天涯成比邻》（*Global Governance：Our Global Neighborhood*，The Report of the Commission on Global Governance，Oxford University Press，1995）。

② Jennifer Mitzen，*Power in Concert：The Nineteenth-Century Origins of Global Governance*（Chicago：The University of Chicago Press，2013），pp. 280，https：//www. press. uchicago. edu/ucp/books/book/chicago/P/bo16277647. html.

（pre-global governance）来称呼之。在这 100 年，欧洲各国之间，尤其是"列强"（powers）为了解决问题而召开了许多国际会议，进行"面对面的外交"（face to face diplomacy）。这些国际会议被叫做"强国之间的协和"（concert of big powers），即"欧洲协和"（European Concerts or Concert of Europe）。①

19 世纪的欧洲面对的最大挑战是和平的不可持续性。1815 年，拿破仑这位超级英雄是被打败了，但欧洲却面对着前所未有的"大变局"，和平在欧洲并未自动产生。从 1815 年起的近 100 年，欧洲大体上是和平的，即"百年和平"（Hundred Years' Peace）。为什么从 17 世纪以来战乱不止的欧洲居然在 19 世纪享受了如此长时段的和平？研究者均把这一和平归功于作为国际制度或者国际秩序的"欧洲协和"。

欧洲范围强国之间的"协和"到底是如何工作的、为什么"协和"有效（带来了和平）等问题一直吸引着研究者（不仅是历史学家，而且是各门社会科学家）。原匈牙利政治人物、后在第二次世界大战期间在英美成为杰出的社会科学家的卡尔·波兰

---

① 国内长期把"国际协和"叫作"大国协调"。这是一种错误的或者至少说是不准确的解读。不过，有一些人把"concert of powers"翻译为"大国协同"，接近"大国协和"，但"协同"还是没有"和平"的直接表达。"欧洲协和"当然是当时的欧洲大国（强国）主导，但是，参与"协和"的其他国家，也十分重要。尊重历史事实，不宜把"协和"只理解为"大国协和"。

尼（Karl Polanyi, 1886-1964）强调指出，政府要"嵌入"（embed）市场活动中，也就是政治对经济的介入。这是波兰尼"大转型"（great transformation）思想的核心。"百年和平"是波兰尼的首要研究对象之一。他把欧洲国家之间的会议外交和当时的世界经济结合起来分析，深刻地提到19世纪开始形成的"国际金融体系"，认为"欧洲协和"这种会议外交实际上解决了当时的国际经济体系中存在的尖锐问题（尤其是列强争夺势力范围和殖民地引起的冲突）。① 用今天的全球治理语言来说，"欧洲协和"治理了（governing）欧洲列强之间的冲突。根据波兰尼的观点，我们可以得出结论，治理冲突是和平进程，和平不过是治理的结果。

20世纪初，在19世纪如此有效的"欧洲协和"逐渐衰落。由于不再有"欧洲协和"的治理，第一次世界大战发生（1914—1918年）。1920年成立的国际联盟，似乎是为了汲取第一次世界大战的教训，但是，国联并非"欧洲协和"的重建。正在崛起的美国介入了第一次世界大战，战后则发起了国联，不过，美国最终没有参加国联。如果说"欧洲协和"是"前全球

---

① Karl Polanyi, The Great Transformation: The Political and Economic Origins of Our Time, Boston: Beacon Press, 1944, 1957.

治理"最成功的例子,国联则是"前全球治理"中最失败的例子。[①]

1945 年以后,欧洲事实上在局部(西欧)重建了"协和",却极大地超越了 19 世纪的"欧洲协和"。冷战期间,通过欧洲煤钢联营、欧洲经济共同体、欧洲共同体,"欧洲一体化"(European integration)获得初步成功。柏林墙倒塌、两德统一、苏联解体、冷战结束之后,欧洲共同体具备了升级为欧洲联盟的基础。1993 年欧盟正式起步。2012 年,因为把欧洲从"战争的大陆变成了和平的大陆",欧盟获得了诺贝尔和平奖。[②] 这一巨大的、积极的和平成就显然大大超过了 19 世纪的消极的"百年和平"。如果说"欧洲协和"是全球治理的原初形式,那么,欧洲联盟则是在一个地区层次上的全球治理的高级形式。可惜,今天的欧洲人(包括英国人)不再以和平为首要考虑,以为和平是当然的,忘记了和平是怎么得来的。卢森堡首相格扎维埃·贝泰尔(Xavier Bettel)说:"人们现在都已经忘记了,欧盟成立之初的宗旨是为了和平。现在人们(指英国人)衣食无忧,出行自

---

① 胡王云(北京语言大学)认为,"国联的组织与实践是一场失败",但却是"具有开创性价值的全球治理试验"。本文作者对胡王云进行了采访(2019 年 12 月 12 日)。

② https：//www. nobelprize. org/prizes/peace/2012/eu/facts/.

如，把最重要的和平议题置之脑后。"①

1945 年在世界大战的废墟中诞生的联合国和国际经济组织，尽管不是"世界政府"（world government），但联合国植根于厚重的世界历史（尤其是"欧洲协和"）上，是现代意义上的在全球层面上对超出一个国家范围的问题或者挑战的集体治理（国际治理），大大超越了 19 世纪的"欧洲协和"，全面克服了"欧洲协和"的阴暗面。欧洲协和有很多阴暗面，例如各种不可告人的"秘密协议"。正是这些阴暗面导致了"欧洲协和"的最终失败。② 在巴黎和会上，美国威尔逊政府揭露了"欧洲协和"的阴暗面。③

但是，联合国在长达 40 多年的美苏冷战（1947—1989 年）中并没有完全实现其设计的原初使命，在治理"冷战"这样的"大变局"上居然根本派不上用场，甚至在冷战期间被边缘化。

---

① 何越：《与伦敦政治经济学院凯文·费瑟斯通教授谈脱欧》，FT 中文网，2019 年 12 月 11 日，见：http：//www. ftchinese. com/story/001085480？page＝1。

② Matthias Schulz 和 Bertrand Badie 等现在的欧洲资深学者对此有具体分析。https：//www. taylorfrancis. com/books/e/9781315206790。

③ 1917 年 4 月 6 日，美国作为同盟国参加第一次世界大战，但美国参战的目的不是为了争夺领土，而是为了终结所有的战争。"十四点计划"代表了对欧洲协和的一次实质性的超越。April 6, 1917, On January 8, 1918, President Woodrow Wilson gave a speech to Congress that outlined Fourteen Points for peace and the end to World War I. Wilson wanted lasting peace and for World War I to be the "war to end all wars." 国联与欧洲协和比，已经带有更多的全球治理元素。

根据《联合国宪章》，本来联合国应该、必须、能够治理"冷战"。只是熬到了 20 世纪 80 年代末和 90 年代，在冷战结束的条件下，联合国才开始了"改革"。如同冷战的发生、冷战的结束，都可以称为"百年未有的大变局"。

没有冷战的世界，如同没有拿破仑的欧洲，站在十字路口。在这个十字路口上，有人主张和实践"单极世界"（a unipolar world），即由"唯一的超级大国"美国统治这个世界；有人主张"全球治理"（global governance）。在国际层面，"统治"与"治理"也是不同的。"单极世界"与"全球治理"是两种非常不同的世界秩序。我们一度没有有意识地注意到冷战后的"单极世界"与"全球治理"之间的差异。正是这一差异，使美国在全球治理中的作用与其他国家非常不同。

新兴的"全球治理"的理论与实践帮助重塑和转型了联合国。联合国获得了冷战后现代化（"改革"）组织和增强其国际正当性（legitimacy）的根本途径。1994 年，1982 年达成的《联合国海洋法公约》（UNCLOS）在冷战结束和"联合国改革"下生效。1995 年，雄心勃勃致力于全球贸易治理的世界贸易组织（WTO）取代了关税与贸易总协定（GATT）。与"单极世界"的发展几乎同步，世界加速走向"全球治理"。不过，直到今天，在全球治理大旗下的"联合国改革"仍然是未竟之业。

历史常具极大的讽刺性。我们知道,"单极世界"很快就被证明不过是"单极时刻"(unipolar moment)。2016 年,美国诞生了特朗普政府。这个政府把自己严格区别于从老布什到奥巴马的冷战后时期的美国历届政府,号称"让美国再次伟大",践行"经济民族主义"和"美国第一",却并不想继续冷战后时期的美国外交政策,而是对美国外交政策进行了一些重大调整,包括接连退出一系列的现有全球治理进程(尤其是具有约束力的国际协定)。特朗普政府的外交政策未必等于"美国放弃了世界领导",但是,可以明确的是,在特朗普政府下,"单极世界"几乎完全不再。冷战后,美国为"单极世界"构建的世界秩序叫做"自由世界秩序"(liberal world order)。从特朗普执政以来,美国学术界认为这一秩序已经陷入危机,甚至已经终结。

也是与此同时,直接地,由于保护主义和民族主义的再次强力兴起,"全球治理"陷入了深重危机。间接地,"全球治理"逐渐失去上升势头。2015 年,在联合国成立 70 年的历史时刻,全球治理在形式上似乎达到了高峰:在各国领导人参加的联合国峰会上,可持续发展的《2030 年全球议程》获得通过;在联合国气候变化大会上,《巴黎协定》达成。但是,这些全球治理进展并没有减轻人们对"全球治理的未来"的忧虑。2019 年 9 月 24 日,第 74 届联合国大会在纽约联合国总部开幕,秘书长古特雷斯讲话:"我担心世界大分裂（great fracture）的可能性:我们的世界正在分化为两个,星球上的两大经济正在分立,成为相互竞争的两个世界,拥有各自的互联网、主导货币、贸易和金融规则,以及制定自身的零和地缘政治和军事战略。我们一定要竭尽所能阻止此种大分裂,维持全球同一的体系——普遍尊重国际法和世界经济,拥有强有力多边机构的多极化世界。"古特雷斯还指出,"气候变化",已经是一场"气候危机"。[①]2019年12月11日,世贸组织（WTO）争端解决机制上诉机构（AB）在运行了24年后正式停摆。2019年12月15日,由西班牙协助智利承办的马德里联合国气候变化大会在诸多谈判目标（尤其是建立碳市场）上没有达成协议。

二、"协和"的关键性受到研究界的再发现

面对包括中国崛起在内的全球"大变局",在西方,一些重要的研究者对"协和"之历史经验和基于这样的历史经验产生的国际理论再次产生了浓厚兴趣,他们认为"协和"可能是治

———————————

① 联合国官网,https://www.un.org/sg/en/content/sg/speeches/2019-09-24/address-74th-general-assembly。

理 21 世纪全球"大变局"的一个途径。

在亚洲和太平洋地区，澳大利亚学者较早主张 21 世纪的大国协和，在奥巴马时期，《澳大利亚防务白皮书 2000》的主要起草者、澳大利亚国立大学（国际）战略学教授怀特（Hugh White）的《对华抉择：为什么美国要分权》（*The China Choice: Why America Should Share Power*，2013）率先提出了美国要与中国进行协和的重大建议。[①]

在欧洲，德国著名国际关系学者米勒（Harald Muller）主持了题为"21 世纪的大国协和——大国多边主义和避免世界大战"的"欧洲项目"。该项目是由欧洲三大著名私人基金会资助的 10 个"欧洲与全球挑战"重大项目之一，试图构建基于"大国多边主义"（great power multilateralism）的"全球协和"（global concert of powers in 21 century）。这一项目产生了两项重要成果，一份公共政策报告《21 世纪的国际协和》，2014 年于瑞士洛迦诺首发[②]；一本学术论文集《强国多边主义和预防大战：争论 21 世纪的国际协和》。[③] 德国法兰克福和平研究院的这一项目是这

① Hugh White, *The China Choice: Why America Should Share Power*, Black Inc., 2012, pp. 208.

② https：//www.hsfk.de/en/research/projects/a-twenty-first-century-concert-of-powers/.

③ https：//www.taylorfrancis.com/books/e/9781315206790.

些全球同类研究中的一个杰出代表。其观点受到广泛关注,包括
介绍到中国。① 我是法兰克福"协和"项目的 7 位主要参加者
之一。

在美国,著名的战略研究智库兰德公司(Rand)和美国老
牌外交政策研究智库外交关系学会(CFR)在这方面也做了一些
重要研究。值得注意的是,美国外交学会会长哈斯(Richard
Haass)力主用新的"协和"应对冷战后的美国主导的世界秩序
的崩溃带来的挑战。② 值得指出的是,上述澳大利亚学者怀特提
出美国与中国分权(协和)观点的 2012 年,奥巴马政府针对中
国崛起的"转向亚太"(pivot to Asia)战略正处在实施的关键时
刻,美国人根本听不进这类来自盟友澳大利亚的创新性的对华政
策建议。

---

① 见〔德〕哈拉尔德·米勒、卡斯滕·劳赫:《管控权力转移:面向 21
世纪的大国协调机制》,李亚丽译,《国际安全研究》2016 年第 4 期。

② Lascurettes, Kyle, The Concert of Europe and Great-Power Governance
Today: What can the Order of 19th-Century Europe Teach Policymakers about Interna-
tional Order in the 21st Century?. Santa Monica, CA: RAND Corporation, 2017. ht-
tps://www.rand.org/pubs/perspectives/PE226.html. Also available in print form.
而长期研究"强国协和"的美国外交关系学会现任会长哈斯大使在 2017 年出版
了《失序的世界》(A World in Disarray)一书,认为治理这样一个世界要回到强
国之间的协和范式,见 Richard Haass, A World in Disarray, Penguin Press, 2017,
p. 352.

三、美国对"全球治理"的影响：
历史、现实与未来

特朗普政府在 2016 年上台后，众所周知，美国极力批评"全球治理"，等于站在了"全球治理"的对立面，并采取了一系列行动，包括退出了一些重要的国际组织（如联合国教科文组织）和关键的多边协议（如关于气候变化的《巴黎协定》）。[①]在区域方面，美国退出了《跨太平洋伙伴关系协定》（TPP）等。特朗普政府在全球治理上的态度和行动，可能更加强了本文关于我们正在进入"后全球治理"（post global governance）时期的大判断。

实际上，"后全球治理"在特朗普政府上台前就开始了。在 WTO 无法取得全球多边贸易谈判突破的情况下，奥巴马政府下的美国和亚太地区其他国家一共 12 方于 2016 年 4 月签署《跨太平洋伙伴关系协定》，试图"另起炉灶"继续推进全球贸易治理。但是，特朗普政府在 2017 年上台后，第一个退出的国际协

---

① 参见庞中英：《特朗普联大演讲背后：没有美国的全球治理会到来吗》，上海"澎湃新闻"，2018 年 9 月 29 日。

定居然是奥巴马政府精心打造的 TPP。

不过,需要正确认识在特朗普政府下的美国"退群",以避免在判断美国与"全球治理"之间的关系时发生误解。"退群"不"退群",美国实际上仍然处在大多数当今"全球治理"进程中。那些美国退出的国际组织或者多边协议,美国与其的关系仍然复杂。这里举两个例子。美国并没有参加《联合国海洋法公约》(UNCLOS),却"承认该《公约》的大部分内容为习惯国际法。它尽量遵守该《公约》,也希望其他国家这样做"①。在退出《巴黎协定》后,美国与《巴黎协定》之间的关系几乎类似于与《联合国海洋法公约》的关系。美国是全球第二大温室气体排放国。奥巴马政府在《巴黎协定》的形成中发挥了关键作用。2016 年 9 月 3 日,美国总统奥巴马宣布美国正式加入《巴黎协定》。② 然而,特朗普政府完全逆转了奥巴马政府的美国气候政策。2017 年 6 月,特朗普政府宣布美国退出《巴黎协定》,联合国气候变化治理进程受到严重打击。不过,特朗普政府仍然参加联合国气候变化大会。2019 年,美国派出由国务院副助理国务卿玛西亚·伯尼卡特(Marcia Bernica)率领的代表团参加

---

① 许通美:《维持海洋和平》,新加坡《联合早报》2017 年 5 月 15 日。

② https://obamawhitehouse.archives.gov/blog/2016/09/03/president-obama-u-nited-states-formally-enters-paris-agreement.

由智利在西班牙马德里举行的 COP25。① 在政治上，美国国内两党在气候问题上针锋相对，极化严重。把气候变化称为"当今生存威胁"的美国众议院议长佩洛西（Nancy Pelosi）率领由参众两院 15 名民主党议员组成的国会代表团（Bicameral Congressional Delegation）列席 COP25，"重申美国人对抗气候危机的决心"。有人认为，尽管特朗普政府改变了美国的气候政策，但是美国仍然在全球气候变化治理中发挥某种领导角色。② 2019 年11 月 4 日，特朗普正式启动退出《巴黎协定》程序。预定在2020 年 11 月 4 日完成。③ 不过，2017 年，在特朗普宣布退出《巴黎协定》的同时，美国一些州长组成了美国气候联盟（the United States Climate Alliance）④，继续支持《巴黎协定》。

能否形成没有美国的全球治理？

日本和新加坡等国家在缺少美国的情况下，没有放弃《跨太平洋伙伴关系协定》（TPP），而是用《全面与进步跨太平洋伙伴关系协定》（CPTPP）的名义继续 TPP，成为缺少美国的区

---

① https：//www. state. gov/u-s-delegation-to-the-25th-session-of-the-conference-of-the-parties-to-the-un-framework-convention-on-climate-change/.

② https：//www. brookings. edu/blog/planetpolicy/2018/12/14/american-climate-leadership-without-american-government/.

③ https：//www. state. gov/on-the-u-s-withdrawal-from-the-paris-agreement/.

④ https：//www. usclimatealliance. org/.

域治理的一个突出案例。在全球层面，加拿大和欧盟于 2019 年
7 月 25 日共同宣布，建立一项临时协定或者临时机制（Interim
appeal arbitration pursuant to Article 25 of the DSU），应对世界贸易
组织（WTO）上诉机构（The Appellate Body）的危机。这是一
项重大举措。这项《临时协定》是开放的。加拿大和欧盟呼吁
其他 WTO 成员加入。2019 年 12 月 11 日，WTO 上诉机构正式
“停摆”。接下来，加拿大欧盟带头的《临时协定》能否发挥某
种替代作用，值得我们观察。

在气候治理上，在美国退出《巴黎协定》的情况下，有关
欧盟或者中国等应发挥气候领导作用的观点很多。欧盟在气候变
化治理进程中继续发挥领导作用。在 2019 年马德里气候大会上，
欧盟发布了“欧洲绿色协议”（European Green Deal），设立了在
2050 年实现“碳中和”，即二氧化碳净排放量降为零的战略目
标。“欧盟在气候治理方面的雄心抱负与国际社会的疲态形成鲜
明对比”，欧盟在全球气候治理中正在重塑其领导作用。[①]

与特朗普政府下的美国在全球治理上的立场和政策完全不
同，全球治理是中国在新时代外交政策的优先，中国正在全球治
理中发挥更大作用。值得强调的是，中国发起的国际倡议或者国

---

① 范一杨：《联合国气候变化大会令人失望，欧盟能扛起气候全球治理大
旗?》，上海“澎湃新闻”，2019 年 12 月 17 日。

际组织也没有美国参加。在筹办和成立亚投行（AIIB）期间
（2014—2015 年），中国欢迎美国参加亚投行。但奥巴马政府不
仅没有参加，而且因为亚投行问题与中国发生了冲突。特朗普政
府也没有参加亚投行。在"一带一路"倡议方面，中国也是欢
迎美国参加的。美国却反对"一带一路"。中国推进"一带一
路"，最大的阻力来自美国。①

结　语

本文首次用"前全球治理""全球治理""后全球治理"三
个概念来说明"全球治理"的演化。未来充满不确定性。"后全
球治理"将发生什么，我们现在很难预测。

本文的中心观点是，面对"百年未有的大变局"，我们需要
发现"全球治理"的极其重要性。汲取历史上"全球治理"在
应对"大变局"上的成功经验，21 世纪的"大变局"可以通过
加强"全球治理"来应对。

本文涉及一项比较历史研究，提到了 19 世纪的"欧洲协

---

①　顾清扬：《"一带一路"如何成为包容的全球合作平台?》，新加坡《联
合早报》2019 年 12 月 16 日。

和"和 1945 年以来联合国主导的全球治理。19 世纪的"百年和平"和 1945 年以来 75 年的世界和平，都与全球治理分不开。

在一种长期存在的世界秩序可能结束后出现的十分危险的形势就是"大变局"。对"大变局"缺少集体治理，世界危险将恶化。全球治理危机——缺少全球治理的局面越是持续，纷争、混乱和无序，可能导致大的冲突，包括世界经济体系的结构性大中断。这是一个最需要全球治理的时候，也是最缺乏全球治理的时候。2017 年 5 月 14 日，习近平主席在首届"一带一路"国际合作高峰论坛开幕式上的主旨演讲中指出，世界存在着严重的"治理赤字"。中国参与的 G20、金砖合作、上海合作组织、东盟地区论坛等重大的新型国际合作，发起的"一带一路"倡议和国际组织，都对弥补"全球治理赤字"具有重要意义。中国正在与国际社会其他同道国家"共同维护多边主义、完善全球治理"①。如果能够维持和加强"全球治理"，21 世纪的世界仍然可能享有长期和平和繁荣。

---

① 《中华人民共和国和法兰西共和国关于共同维护多边主义、完善全球治理的联合声明》，2019 年 3 月 26 日，http：//www. gov. cn/xinwen/2019－03/26/content_ 5377035. htm。

国际秩序之变与中国作为

贾庆国 [①]

    不管承认与否，这个世界已经变了，突出表现在国际格局正在出现深刻调整，全球治理陷入停滞，国际秩序的未来充满不确定性。人们对现在的国际秩序众说纷纭、莫衷一是。有人把它说得很好，认为它基本上是公平公正的，无须改变；有人把它说得很差，认为它是不公平不公正的，亟须改变，甚至需要推翻；还有人认为它有些方面是公平公正的，有些方面是不公平不公正的，应当维护前者、改革后者。对国际秩序的认识与评价，不仅关系到国家对外关系的目标和政策方向，而且对国内改革事业和政策也有着重要而深远的影响。本文试图就当前国际秩序与中国的关系提出几点看法，希望对相关的讨论有所贡献。

---

    ① 贾庆国，北京大学中美人文交流研究基地主任，国际关系学院教授，第13届全国政协常委。

一、战后国际秩序及其问题

当前的国际秩序脱胎于二战，因此又称为战后国际秩序。简言之，它是二战结束后在美国、苏联和其他主要战胜国的主导下，为避免战争，谋求世界持久和平、稳定和繁荣，各国通过协商谈判建立的。它以联合国体系为核心，以国际法和国际规范为行为准则，并随着时间推移不断演进。其主要特征如下：

首先，战后国际秩序是基于西方为主的人类历史经验建立的。近代史上西方国家因为工业化开始早，发展较快，所以强势主导了战后国际秩序的建立和发展。主要体现如下：一是这个秩序下的基本行为体是法国大革命后出现的现代民族国家；二是它要求尊重威斯特伐利亚和会确立的世俗国家主权平等原则；三是它要求遵守古罗马以来不断演变的国际法和国际规范；四是它的组织形式是在反思威斯特伐利亚和会和巴黎和会结果的基础上建立起来的新型集体安全体系，即联合国体系。当然，从某种意义上讲，所谓西方经验也是两方国家和世界其他国家与地区交流的结果。

其次，战后国际秩序是一个有利于二战胜利者的政治秩序。

这突出地表现在它体现了当时美国对世界事务的看法和联合国体系主要机构的制度安排。美国对世界事务的看法是理想主义和现实主义的混合体。从理想主义的角度讲，美国认为国际社会是可以通过某种制度安排来实现和平、稳定和共同繁荣的。这种制度安排就是一套代表人类追求的价值理念，一个具有普遍意义的国际组织体系，一个相对有效的决策体系，以及一套相对公平合理的国际法和行为规范。从现实主义的角度讲，美国为维护自身利益和追求效率在其鼓吹的价值理念上也做出了务实的妥协，主要体现于对联合国权限的设置、安理会常任理事国的选择、否决权的设立，以及世界银行和国际货币基金组织的决策方式和人事安排等方面。通过各种宣言和协议，二战主要胜利者决定了许多"战后"的领土边界、战败国的国际地位和作用，并获得了一些体系中重要的特权和利益，如中美苏英法都是联合国安理会常任理事国，拥有否决权；美国在世界银行和国际货币基金组织拥有事实上的否决权；美国和欧洲国家垄断了世界银行和国际货币基金组织领导人的任命权等。即便是之后的美苏冷战也没有改变这个基本事实。

再次，战后国际秩序是一个有利于发达国家的经济秩序。它是一个以资本、技术和人才竞争为核心的市场经济秩序，谁拥有资本、技术和人才，谁就占据有利位置。鉴于发达国家在这些方面都远远超过发展中国家，前者从这个秩序中获得的利益也远超后者，从而导致世界两极分化。近年来网络技术的发展进一步加速了这一进程。最后，战后国际秩序在不断变化。如美苏冷战，两大阵营进行了意识形态、军事、政治制度和经济体制的全面竞争，冷战最终以苏东阵营解体、美国单极格局出现和国际经济合二为一告终；民族独立和不结盟运动经历兴衰，在此期间，国家数量大幅增加，发展中国家的诉求受到关注；全球化浪潮走向世界，在此期间，随着经济社会交往急剧扩大，人们在享受全球化带来的各种福利的同时，也面临日益凸显的全球性问题的挑战；经历了中国等金砖国家的崛起和西方国家影响力的相对衰退。在此系列进程中，战后国际秩序中一些基本原则如国家主权受到严重冲击，国家武力扩张行为受到空前制约，人类基本价值对国际规范的影响大幅增加，非西方国家的诉求得到更多的重视，西方国家对世界的掌控地位受到越来越大的挑战。

战后国际秩序同时也是一个问题和挑战繁多的秩序。它没能阻止大国恶性竞争，没有从根本上消除世界大战甚至人类毁灭的可能，上世纪60年代初美苏古巴导弹危机曾将世界推向毁灭的边缘。它更没有消除局部战争，事实上，"二战"结束以来，局部战争一直在发生，给许多人带来灾难和死亡。它没有给人类带来共同繁荣，反而伴随着全球化和科技发展，国际和国内两极分化日趋严重。它没有能够有效应对许多全球挑战，如发展问题、贫困问题、环境问题、气候问题、大规模杀伤性武器扩散问题、恐怖主义问题、网络安全问题、大规模传染性疾病传播问题等，这些挑战正在对人类生产和安全构成日益严重的威胁。除此之外，当前国际秩序之所以出现全面弱化的趋势，与其自身存在的弊端与问题也密切相关。

首先，美国霸权地位的滥用问题。西方有一句名言，权力腐蚀人，绝对的权力导致绝对的腐败。在这个秩序下，美国的权力太大，大到美国时不时可以绕开联合国、绕过国际组织单独来做自己要做的事情。如越南战争、第二次伊拉克战争、科索沃战争等，都是以美国为主导的西方绕开联合国、绕开国际组织进行的战争。结果不仅给相关国家和美国自身利益带来了很大的损失，也给国际秩序造成了很大伤害。在这个秩序下，美国没有面对有效的制约，同时享有绝对权力，滥用权力成为必然现象，这是现有国际秩序的一个很严重的问题。

其次，美国主导的军事联盟体系存在较大弊端。美国主导的军事联盟体系，是当前国际秩序的一个重要方面。虽然它在过去这些年里面也发挥了一些积极的作用，包括维护国际安全、遏制军国主义在某些国家复活等。然而，这个军事同盟体系本质上是一种排他性的制度安排。受这个联盟体系影响，世界分成两类国家：一类是同盟国家，另一类是非同盟国家。这就给国际社会造成相当大的困扰，使得非同盟国家对同盟国家，或者是同盟国家对非同盟国家出现很大的不信任，它们之间没法进行有效的合作来维护国际安全。

再次，国际秩序的变革滞后于世界发展的需求。这个国际秩序，相对于不断变化的世界来说，比较保守和僵硬，缺少动态的、不断与时俱进的弹性。虽然它也在不断调整，但在美国的影响和制约下，它调整的步伐远远跟不上形势的变化和需求。例如联合国安理会的构成，五个常任理事国中，像英国、法国的实力，应该说有了比较明显的下降。同时，另外一些国家（比如日本、德国），实力有了比较大的增强。但是，联合国安理会常任理事国是不变的，这就出现了很大的问题：一方面，实力增强的国家对现状不太满意；另一方面，实力下降比较明显的国家又没有那么大的影响力，从而给全球治理造成了相当大的困扰。

最后，美国主导的经济全球化模式的问题日益突出。这一模式的主要特征是重市场、重效率，但忽视平等。纯粹以市场竞争为导向的全球化逻辑决定了从中获利的人和失利的人之间必然出现越来越大的鸿沟，国内和国际上财富分配越来越趋向两极化，这种情况为日后反全球化势力的增长创造了条件。应该说，这是一个长期发展的进程。早期，欧美利用自己对资本、科技和科学管理能力的高度垄断，一方面通过不断扩大生产规模和出口工业产品，拓展海外市场；另一方面通过大量海外投资，在全球范围内配置资源，攫取高额利润。这使得它在国内有可能长期维持高水平的生活和高福利政策。然而，上述做法为欧美获得巨大好处的同时，也给其日后的衰落创造了必要的条件——其他国家和地区在欧美主导的经济体系下利用自己的后发优势发展起来，先是日本，后是四小龙（韩国、新加坡、中国台湾和中国香港）、四小虎（泰国、马来西亚、菲律宾和印度尼西亚），特别是后来中国经济快速增长。这些国家和地区的发展逐渐打破了欧美国家对资本、技术和管理经验的垄断：一方面使得欧美国家先后出现国内制造业大规模外移，产业空心化；另一方面使得欧美国家技术和管理能力方面的收益相对明显减少。面对海外激烈的竞争，欧美国家失业率上升，财政收入逐渐入不敷出，过去长期维持的高水平生活和高福利政策越来越难以为继。在上述背景下，欧美社会两极分化日趋严重：在全球化进程中处于优势地位的人，如资本持有者、跨国公司高管、国际金融、服务、技术和管理方面的特殊人才的收入以惊人的速度增加；同时，在全球化进程中处于劣势地位的很多人失去了就业机会，转行在服务业就业人员的收入远劣于从前，即使保留就业岗位的人的收入也长期停滞，甚至不增反降，这部分人对现状的失望和不满情绪不断增加。随着时间的推移，激烈的市场竞争导致全球化中获得高收益的人数不断减少，受益较少或受害者人数越来越多，收入两极分化的情况日趋严重，为反全球化浪潮的兴起埋下了伏笔。

二、国际秩序的百年变局与未来趋向

应该说，过去一百年发生的大事不少，如一战、1929 世界"大萧条"危机、二战、冷战、全球化进程加速、冷战结束，都曾导致国际秩序出现重大变化。那么，现在到底发生了什么，让我们说这是"百年未有之大变局"呢？我想是不是可以从这个角度看，即这个世界正在出现一个"东升西降"的进程，主要表现在两个方面：一是西方国家的综合实力明显下降，维持现有国际秩序的能力和意愿明显走低；二是以中国为代表的新兴国家实力快速上升，在认同现有国际秩序的同时，主张改革这个秩序的能力和意愿大幅上升。这两方面的互动正推动着国际秩序走向重大变革。这个进程酝酿时间较长，其真正凸显应该是在 20 世纪 90 年代。二战结束后，虽然西方总体实力起起伏伏，但其强大和主导地位一直没有改变。20 世纪 90 年代，这种情况开始发生重要变化，西方总体实力呈现明显下降的趋势。有研究表明，西方七国集团的国民生产总值在世界国民生产总值中的占比从1992年的68%降到2015年的47%。2018年进一步降到30.15%；有人预计，2023年还会进一步降到27.6%。作为超级大国，美国实力下降幅度要小很多，但美国的主要盟国的经济在世界国民生产总值中的占比都出现大幅下降。

虽然西方国家军事实力的下降幅度较经济实力而言要小很多，但还是比较明显的。北约国家的军事开支占世界军事开支的份额从过去的2/3降到2017年的55%左右。此外，特朗普"美国第一"的政策更使得美国和盟国内部关系紧张，共同行动的能力弱化。

在美国为首的西方国家维护国际秩序的能力下降的同时，其维护国际秩序的意愿也在下降。美国介入第二次海湾战争后，特别是2008年国际金融危机后，其经济出现了较大问题，财政赤字高企和财富分配不合理导致美国国内许多人越来越反对美国过多地卷入国际事务。受此影响，美国政府维护国际秩序的意愿下降，特朗普的上台及其采取的"美国第一"的政策都是美国国内政治上述偏好的外在表现。

与普通国家不同，作为超级大国，美国只能通过维护国际秩序来维护自己的利益。普通国家可以通过搭便车的方式维护自己的利益，美国不能，因为它的块头太大了；如果它搭便车，车会垮掉。但是，维护国际秩序是一个成本很高的事情。正如美国著名历史学家保罗·肯尼迪在《大国的兴衰》一书中所指出的，历史上超级大国大都不是被打败的，而是被维护秩序的成本过高拖垮的。所以，作为超级大国的美国的最大利益就是以最小的成本最大限度地维护国际秩序。为了实现这一目标，美国在战后做了三件事：一是保留和加强了二战期间形成的军事同盟体系；二是和其他国家一起建立了以联合国为中心的国际组织和国际机制；三是和其他一些国家建立了各类合作伙伴关系。通过上述做法，美国让别的国家一起出钱出力，以最低的成本维护国际秩序。

让他国出钱出力，美国也需要承担相应责任，其中包括：给盟国提供安全保障；倡导和推动国际社会解决全球性问题；遵守规则，对一些国家特别是盟国开放市场等。二战结束后，特朗普之前美国历届政府都坚持了上述做法，并有效维护了美国的利益。部分地由于上述做法，70多年过去了，尽管这个世界经历了风风雨雨，起起伏伏，美国仍然还是世界上最强大的国家。然而，特朗普一上台就放弃了这种做法，他认为美国承担了过多的国际责任。特朗普政府采取了一系列措施放弃过去承担的责任，包括退出包括TPP和《巴黎气候协定》在内的一些国际协定和国际组织。作为世界上唯一的超级大国，美国这样做势必给现存国际秩序带来巨大冲击。

在新兴经济体快速发展，特别是中国崛起的背景下，变革既有国际秩序成为新兴经济体现实的诉求。面对传统的国际秩序，新兴经济体出于各种原因都不太满意，它们都要求在一定程度上对现有秩序进行改革。例如，俄罗斯觉得北约东扩威胁到俄罗斯的利益，印度觉得国际社会对它的大国地位还不够尊重，中国觉得在国际上没有足够的话语权。

在上述背景下，国际秩序受到了严重冲击，出现了全面弱化的趋势。首先，国际经济秩序弱化，突出表现在世贸谈判停滞、区域性贸易和投资机制兴起、经济自由化面临越来越大的阻力。其次，国际政治秩序弱化，突出表现在大国之间信任降低，矛盾有激化趋势，美俄、中美、中日之间关系都是如此。西方国家和以中国为代表的崛起国家之间的协调出现越来越大的问题，战略上缺乏互信、沟通困难重重、具体问题上相互掣肘，合作维护秩序的意愿不强，如在朝核、网络安全、5G 等问题上。最后，国际安全秩序弱化，突出表现为网络安全威胁上升、不扩散机制受到挑战、大国之间竞争加剧等方面。当前国际秩序需要变革，但是，应该如何变革？在这个问题上存在很多不同的声音。在回答这个问题之前，我们需要厘清下述两个问题：其一，有没有一个理想的国际秩序？对具体国家而言，也许有。理论上讲，具体国家可以根据自己的情况找到最适合的某种国际秩序，如美国倡导的民主自由秩序和中国主张的人类命运共同体秩序。然而，由于国家利益的多元性、变动性和主观性，国家之间的差异太大，大国小国、强国弱国、发达国家发展中国家，来自不同文明背景的国家的诉求很不一样。对于国际社会而言，理想的国际秩序也许就是个可望而不可即的奢侈品或乌托邦。但是，没有绝对理想的国际秩序不等于没有好一点的国际秩序。至少可以这样说，一个和平、有序、繁荣、公平、公正、重视保护人权和相对和谐的国际秩序，比一个战乱、无序、萧条、不公平、不公正、漠视和践踏人权和尔虞我诈的国际秩序要好。尽管战后国际秩序存在很多问题，但客观地讲，它也是一个较以前的国际秩序更加和平、公平和平等的秩序。它固化了二战的胜利成果，体现了国际正义和国际社会的愿望，在过去70多年中尽管出现了冷战和局部战争，但还是避免了世界战争；它限制了大规模杀伤性武器的扩散；它推动了国际贸易和投资自由化，加速了全球化进程，给世界带来前所未有的繁荣；它为应对全球化问题的挑战提供了合作的观念和利益基础。

其二，西方国家维护国际秩序的能力和意愿的下降会不会导致现有国际秩序的终结？西方的实力处于下降的通道里，就目前的情况看，继续下降的可能性较大，当然不会完全是直线的，有可能会波动，但它不会像过去那么强势、强大。加上中国等新兴发展中国家的崛起，整个国际格局的实力可能会更加分散，非西方国家的声音会更多更强。所以说，在某些方面，现存国际秩序可能正在走向一个终点，即西方独霸这个世界的情况也许正在走向终结。世界的资源和实力将不再像过去那样集中在美国或几个少数发达国家手里。但是，这并不等于说国际社会会放弃现有国际秩序中那些好的、大家比较认同的国际机制、国际法和国际规范，恰恰相反，现在的大部分国际组织、国际法和国际规范，可能都会留存下来。如美国退出了联合国教科文组织，后者仍继续存在；美国退出了《巴黎气候协定》，大多数国家还是留在了里面。从这个意义上来讲，对国际秩序的未来没有必要过于悲观。

三、中国与全球治理新格局

中国虽然也曾参与建立现有国际秩序，但那时中国很弱，在相当长时间内，中国的声音得不到重视，作为二战的主要战胜国之一，中国没有赢得相应的尊重。作为一个发展中国家，中国发现这个国际秩序对发达国家要更有利。新中国成立后，由于冷战的原因，中国长期被排斥在这个国际秩序之外。所以，在新中国成立后相当长时间内，中国政府对现有秩序是持批判态度的，认为这个秩序是不公平、不公正的，甚至在某些时候曾致力于推翻这个秩序。但是，自1971年中国重返联合国以来，特别是1978年中国实行改革开放政策以来，中国在现有国际秩序下发展壮大起来：中国是世界上五个拥有否决权的联合国安理会常任理事国之一，是世界上五个合法拥有核武器的国家之一。

当然，对于中国而言，这个秩序在不少方面还是不公平和不公正的，需要通过适当的方式加以改变。因此，中国国家主席习近平提出，世界各国应该共同维护以联合国宪章宗旨和原则为核心的国际秩序和国际体系，积极构建以合作共赢为核心的新型国际关系，共同推进世界和平与发展的崇高事业。探讨中国在国际秩序变化中的作用，需要明确认识中国在国际秩序中的身份、角色、利益等。

第一，中国是一个崛起中的大国，它跟一个崛起中的小国不一样，跟一个没有在崛起的大国不一样，跟一个崛起后的大国也不一样。国家规模大，崛起的影响也会很大，所以国际社会对中国崛起的反应也会很大。过去几十年，中国的综合国力快速增长，很多产品的生产总量在世界上早已是第一位，比如说钢铁、水泥等产品的生产中国早就远远超过其他的国家。在这个背景下，中国的国际地位和影响力在迅速地提升，现在的一举一动都备受世界的瞩目。

第二，作为崛起中的大国，中国的身份和利益还存在相当大的不确定性。中国反复告诉外部世界中国永远不称霸，但在许多外国人看来，也许这只是说说而已，最多也只管现在。有一位对中国还算比较友好的外国学者说："我真心地相信中国政府说它不称霸是它的本意，那就是现在中国真的不想称霸。但是屁股指挥脑袋，也就是说人在什么位置上就会从什么角度考虑问题。按照这个逻辑，当中国实力发生变化的时候，中国在这个问题上的想法和看法也会随之而改变。当中国真的有了称霸实力的时候，中国会不会还是不称霸呀？中国怎么能够让我们确信中国将来也不会称霸呀？要想完全说服对方，似乎是件无法做到的事。因为只有当中国真有了实力以后，中国还不称霸，别人才会相信你。"

第三，作为崛起中的大国，中国既不是崛起以前的中国，也不是崛起以后的中国，又是两者兼有之、两者都不是的中国。这样一个中国，它的身份和利益在多方面是双重的和矛盾的。从身份的角度来说，它是发展中国家，也是发达国家；它是穷国，也是富国；它是弱国，也是强国；它是普通大国，也是超级大国。身份决定了利益，中国在多方面有双重身份也就意味着它在多方面有两种不同的利益，而这两种不同的利益经常是矛盾甚至冲突的，如我们既有发展中国家的利益，也有发达国家的利益；既有穷国的利益，也有富国的利益；等等。结果，在这个阶段，国家利益确定成为一个很大的问题，因为此时中国的国家利益，常常是自相矛盾、自我冲突的。

第四，从全球秩序的角度来讲，中国的崛起作出了重要贡献。首先，从维护国际秩序而言，中国的崛起在一定程度上使得像美国这样的西方大国在处理国际事务问题上更难以滥用权力。例如，美国想通过联合国来做一些事情就需要说服中国。如果中国不同意，它就很难利用联合国等国际组织来做自己意向的事情。其次，激励其他发展中国家摸索自己的发展道路。中国的崛起为发展中国家的发展提供了一个重要的启示，即一个国家要想发展好，就必须根据自己的国情来制定发展策略，而不是简单地照搬其他国家的模式。只有找到了符合自己国家国情的发展模式、发展方式，才能够发展起来。否则的话，就存在一个水土不服的问题。最后，中国的融入既是一个不断强化既有国际秩序的过程，也是一个不断推进国家秩序变革的过程。为融入当前的国际秩序，中国自身进行了很多的改革。例如，为加入 WTO，中国修改了很多法律法规。应该说，既有的国际秩序，无论是政治上还是经济上，由于中国的融入得到加强，有了更大的覆盖范围。

此外，中国的加入，也给国际秩序的未来提供了新的希望。例如，在全球治理问题上，中国提出的一些改革措施，使发展中国家有更大的发言权；中国成立的亚洲基础设施投资银行（AIIB），也是对现存国际金融机制的贡献。应该看到，让中国提出一个现有国际秩序的新方案，不太现实，或许也没有必要。改革开放以来，中国正是在融入这个秩序的过程中发展和壮大起来的。现有国际秩序有其合理性和进步性，对于这个秩序，中国需要做的是改革和改良，而不是推翻和取而代之。中国面临着中华民族伟大复兴的任务，在当前深刻的国际秩序变迁中，必须走和平发展的道路，必须从世界秩序的历次变迁史中参悟有益的政治智慧，推动构建人类命运共同体，并与其他国家合作，引领全球治理新格局的发展。为此，中国首先需要继续坚持对外开放。在全球化时代，互通互联是一种必然，只有开放才能获取和平发展所需的资源和信息，只有在开放的竞争中才有所比较和不断改进自己，也只有通过开放在国与国之间的互动中才能形成共有观念来指导国际合作和全球治理。其次，中国需要坚决捍卫自由贸易原则和多边体制，推动经济全球化深入发展。经济全球化是社会生产力发展的客观要求和科技进步的必然结果，为世界经济增长提供了强劲动力，促进了商品和资本流动、科技和文明进步，以及各国人民善意的交往。然而，自 2008 年国际金融危机以来，国际上逆全球化思潮暗流涌动，一些国家开始实行贸易保护主义政策。特别是美国罔顾国际规则，违背世界贸易组织基本精神和原则，发起针对中国等国家的贸易战，破坏了正常的国际贸易关系和经济秩序，对国际经济秩序造成了很大冲击。自由贸易是世界经济发展和各国合作共赢的必然要求，符合世界各国共同利益。作为世界第二大经济体、第一大工业国、第一大货物贸易国和第一大外汇储备国，中国有责任和其他国家一起，共同捍卫自由贸易和多边体制，推动经济全球化深入发展。

第五，中国在加强与其他国家合作的同时，需要妥善处理与美国的关系。作为崛起大国和守成大国，中美之间出现对抗和战争虽然不是必然的，但仍然是可能的。这也就是说，两国仍然面临美国哈佛大学教授格拉姆·艾利森所说的修昔底德陷阱。在此背景下，中美之间的分歧常常被无端放大，无论是传统的分歧如人权、对台军售和贸易问题，还是新问题，如海洋权益、政府采购、投资限制和网络安全等问题，都有可能导致双方关系紧张和冲突。有些不良政客们发现利用上述分歧谋取私利的做法格外有利可图，从而大肆宣扬两国冲突，加剧两国间的矛盾。这种情况也使得两国民众之间不信任增加，使两国政府务实和理性处理两国关系变得更加困难。在这个关节点上，中美两国在处理彼此关系时都要有耐心，避免采取某些行动使中美关系走向全面对抗。

同时，在中美关系比较紧张的情况下，尤其要加强与其他国家和地区的合作，包括和欧盟、日本、俄罗斯等一些大国和国际组织的合作，以及与周边国家、"一带一路"沿线国家的合作。

第六，办好自己的事，用改革的确定性面对国际秩序的不确定性。外部环境形成的压力常常是自己无法掌控的，只能通过积极沟通、协商，有理、有利、有节地应对。在大变局之下，无论未来各种不确定性有多少，对中国而言，最重要的还是在国内做好自己的事情，把外部的压力转化为改革和开放的动力。就目前而言，做好自己的事，就是要加快落实中共十八届三中和四中全会决议和党的十九大报告中确定的各类改革措施。这些改革措施落实好了，中国就会不断发展、不断繁荣、不断强大，就会在世界上发挥更大作用，为人类作出更大的贡献。

中国再兴的全球意涵：
兼论中国道路与人类未来[①]

朱云汉[②]

中国政治学者要开展"人类命运共同体"这个大课题，一定要从全球的视角来理解近代中华民族走过的道路，以及中国再兴对人类历史发展的重要意涵。这篇文章将试图从全球史的架构来理解中华民族伟大复兴与人类命运共同体这两大课题的有机联系。在这个基础之上，我们才能理解中华民族对人类社会的重大责任，也才能看清楚未来应该走的道路，以及可能面临的艰巨挑战。

从全球史的视野出发，我们可以更深入地理解中国这一百多年，从被帝国主义欺凌侵略而濒临生死存亡关头，到重建一统政

① 本文根据作者在 2019 年 3 月 12 日于中国人民大学"国政大讲堂"作的讲座整理而成。

② 朱云汉，台湾"中央研究院"院士暨政治学所特聘研究员，台湾大学政治系特聘教授。

治秩序与恢复民族独立自主地位，然后一步步走到全球最大经济体量的发展中国家，多么曲折而不容易。中国过去 70 年在现代化道路上的急起直追，很多方面的成就是史无前例的，超越了过去各种不同民族与文明曾经创造的历史纪录；如果中国在既有的发展道路上持续前进，那么它必然会影响到整个人类社会的未来。实际上过去 30 多年它已经深刻地影响了全球化进程，以及整个人类历史的进程。未来中国可能发挥的作用还会更关键，其程度会超过历史上美国所起的作用，这对全人类的社会可持续性发展而言是一个非常好的势头。

一、回顾世界经济活动重心的千年移转

2018 年 10 月《经济学人》（The Economist）杂志刊登了一篇题为《一个新的霸权：中国世纪仍方兴未艾》专题报道。① 这篇报道引用了一张非常醒目的历史地图（见图 1），信息量很大。这张历史地图最早为麦肯锡全球研究院的报告所采用，它是根据著名的世界经济史专家麦迪逊（Angus Maddison）领导的研究团

① "A new hegemon: The Chinese century is well under way," *The Economist*, October 27, 2018.

队提供的历史估算数据所绘制的，展示了过去 2000 年来世界经济活动重心（The world's economic centre of gravity）的空间移动。① 该图从公元元年（1AD）开始绘制，我们可以看到在前面 1600 年的时间里，世界经济地理重心的位置移动的范围非常小，一开始它落在今日的中亚，先微微地向南移动，然后缓慢地向中国西域移动。在这个重心的西边有被称为"人类文明摇篮"之一的两河流域，以及环地中海的古埃及、古希腊、古罗马文明等。在它的东边与东南边有中国和印度这两个大型的古文明，在人类历史上长期占有非常重要的位置，这两大古文明历经几千年在大多数时期于各方面都是比较先进的，包括农耕、纺织、冶金、医药到天文。所以把各地区经济活动规模加权平均以后，世界经济地理重心差不多就在这个位置，长期相当接近中国与印度这两大文明板块。从 16 世纪开始往西北移动，到 1820 年以后，也就是 19 世纪初开始，世界经济重心的移动加速，一直往西走，这就是体现西方的崛起，这段历史包含地理大发现、殖民扩张与工业革命。

---

① 全球经济重心的位置估算，是根据当时各经济体的地理版图与经济总量的加权，来计算全球经济地理的三维空间均衡点所在。估算方法的详细说明请参见 Danny Quah, "The Global Economy's Shifting Centre of Gravity", *Global Policy*. First published on-line, 05 January 2011, https：//onlinelibrary. wiley. com/doi/full/10. 1111/j. 1758-5899. 2010. 00066. x。

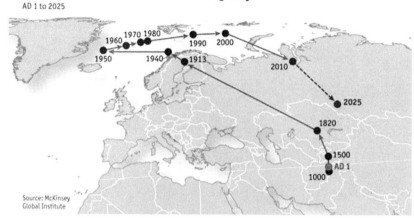

图1 两千年世界经济重心的移动路径

　　到了快要接近 19 世纪末的时候，北美新大陆和美国的兴起，更是把这个重心快速地往西边牵引。一战之前，美国的经济体量已经超过大英帝国，在二战结束的时候更是达到顶峰。因为美国的板块分量太重，所以这个重心在 1950 年的时候，已经移到了北大西洋的中间。那么接下来又开始起变化了，西欧战后重建复兴了，东亚也开始发展起来。所以这个重心从 1960 年以后就开始慢慢往东移动。尽管有日本的兴起和东亚"四小龙"经济奇迹等，但因为美国也在发展，所以重心的移动速度并不快。但是 1980 年以后全球经济重心则快速地往东移动，此时世界经济进入一个新的历史发展阶段。然后到 2010 年、2018 年，以及预测到了 2025 年，重心还会继续快速东移，当然之后可能会再往东南一点，因为印度也在快速发展。

是什么力量把这个重心一直往东牵引？答案显然就是中国兴起，它是最大的一个牵引力量。所以这张图很有趣，因为它预告了不久之后人类经济活动分布的重心可能会回到19世纪初的起点，甚至回到更早两千年前的起点，也就是回归更悠久的历史常态。所以，《经济学人》在这篇报道里感叹道，如果从统计数字的构成来看，过去三四十年间很多所谓的"全球趋势"，其实主要就是中国趋势。因为中国太大了，大到它自身的趋势就影响了全球大趋势下的各种指标变化，并且中国还在持续前进。

有了图1的背景知识，我们对图2的理解就更清楚了。

这是美国的智库"经济周期研究院"（Economic Cycle Research Institute）针对过去200年世界主要国家与地区的购买力等值（PPP）的GDP估算数据，所绘制的统计图。[①] 这张图清楚显示，从1820年（也就是嘉庆年间）开始到1950年，也就是二战结束时美国国力达到顶峰的时候，整个人类历史的故事基本上就是西方的兴起，这些西方国家长期处于绝对支配的地位，一直持续到1970年。下面图中最上面部分是美国，其次是加拿大、

---

① Lackshman Achuthan, "America First in Perspective," Presentation at the 26th Hyman P. Minsky Conference, April 2017, http：//www. levyinstitute. org/conferences/minsky2017/achuthan_ 3_ s1_ 2017. pdf.

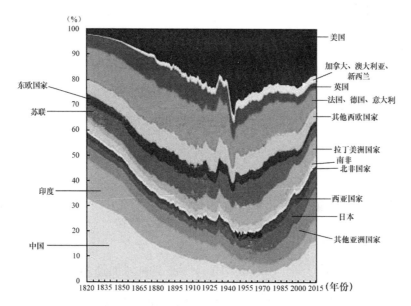

图 2　各国占世界 GDP 比重（1820—1016）

澳大利亚、新西兰，然后是英国（这些都是盎格鲁-撒克逊民族），然后是法国、意大利和德国，接下来就是荷兰等这些中小型西欧国家，以上合起来就是传统定义的"西方"。所以，有将近两百多年，西方是人类历史舞台上的主角。其他地区的民族都是配角，甚至是被他们殖民的对象。

与此同时，中国和印度这两大曾经占全球经济份额非常高的古文明，相对的比重一路下滑，相继被葡萄牙、荷兰、法国与英国所超越。被殖民的印度下滑更为严重。战后初期以后比较突出的变化是日本的兴起，但从 1970 年中期至今 40 多年来，大趋势是

197

非西方世界开始全面兴起，尤其是亚洲，其中中国扮演了至关重要的角色。

二、中国速度

在过去的 40 年里，中国在很多方面都打破了历史纪录，前无古人，对此有很多尺度可以加以衡量，而且以后很难有其他文明可以再复制。徐大全（Daniel Hsu）是"中国加速器"（China accelerator）这家全球知名的企业孵化器公司副总裁，他利用 IMF 的资料库，绘制了这张中美发展速度比较的解说图（图 3），来阐释何谓"中国速度"。这张图揭示：从 1987 年到 2017 年的 30 年里，中国的 GDP 增长了 36 倍。历史上，另外一个曾经出现大规模、大板块、快速工业化的国家就是美国，尤其在南北战争之后美国兴建横跨东西两岸的铁路网，工业化进程全面加速。如果以 2017 年为终点反推，相较之下美国花了多少时间才让自己的 GDP 增长了 36 倍呢？美国总共花了 117 年，也就是中国的工业化追赶速度是美国的 3.9 倍。为什么英文世界的媒体经常说"China Speed"。什么叫中国速度？这就是中国速度，史无前例，尤其是在如此幅员辽阔的版图之上建设"经济奇迹"的速度。这很自然地让西方国家和其他周边国家感到震撼，甚至带来压力。中国的兴起，在全球的范围里的作用就是引导全球趋势。

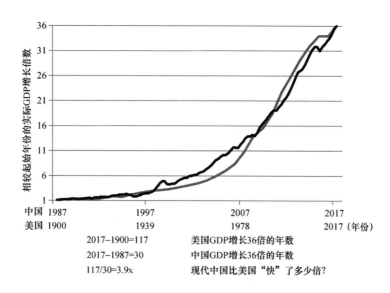

图3　中国速度是美国速度的3.9倍

　　中国的快速发展的最大成就之一就是让将近七亿人脱贫，也同时让人类社会快速迈向全面消除绝对贫困人口的目标。联合国所揭示的最重要的新千禧年发展目标之一，就是从1990年到2015年前将地球上生存在绝对贫困线以下的人口减半，然后逐步迈向全面消除贫困人口的目标。现在看来，这个艰巨的任务有希望达成，而最大的功臣就是中国。下面这张图（图4）说明了过去一百多年想要赢得这场全球脱贫的战斗多么不容易，因为进入20世纪以来，世界人口不断增长，贫困人口的总数也在不断增加。在二战之后（也就是 1945 年以后），出现了婴儿潮，全球经济增长速度加快，但是尽管许多地区出现不错的经济发展趋势，也努力在脱贫，但是全球范围的贫困人口总数还在增加，这对整个地球来讲是一个非常不幸的发展趋势。但是到了 20 世纪 70 年代以后，它的转折点就慢慢出现了，尤其是在中国改革开放之后，不管是绝对贫穷人口的比例还是总数都在不断快速下降，这里面中国作了最大的贡献。在 1990 年中国还有 7.5 亿多贫困人口，到 2015 年只剩下不到 2000 万人。① 进入新世纪，中国还拉抬了很多相对落后的国家，在帮助他们消灭贫穷的努力上作出非常大的贡献。所以中国的"两个一百年"目标达成了，它下一个目标便是要对全人类承担更大的责任。

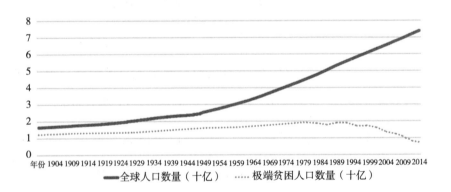

图 4　世界贫困的"终结"

---

① https：//www. visualcapitalist. com/chart-end-world-poverty-sight/.

当然，任何快速的经济发展都会带来一些负面的影响，经济学术语叫负外部性。当中国在方方面面都以这样的速度发生变化，对整个人类社会带来的冲击也是前所未有的。所以中国工业化的速度是美国的 3.9 倍，但正如图 5 所示，中国碳排放的增加速度可能也是美国的 3.9 倍。在很短的时间里面，中国从一个碳排放量非常小的经济体（图 5 中的虚线）迅速变大，尤其是在1980 年后直线上扬。根据世界银行的估算，虽然中国人均碳排放量还只是美国的 40%，但总量在 2005 年前后就已超过美国，成为全世界最大的温室气体排放国。因此，中国的这一趋势也将会影响全球气候变化。这也意味着中国在对抗全球气候变暖的这场艰巨任务上背负着重大责任。

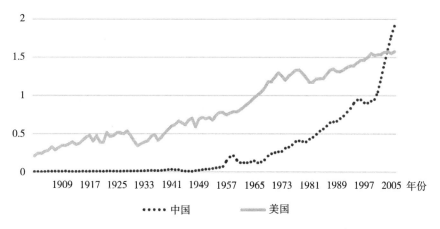

图 5 中美碳排放的增加趋势（来源：世界银行）

三、以多元维度评估中国再兴的全球意涵

我们需要从多维度来评估中国再兴的全球意涵。整体而言，中国再兴带动世界秩序的重组，具体而言中国兴起带动了六个方面的结构性变化：

1. 赋予经济全球化巨大的推进力量，让超级全球化的作用与冲击全面放大。

2. 削弱美国霸权的权力基础，触动战后国际秩序的全面转型。

3. 打破西方垄断普世价值的话语权，推进多元现代化模式取代一元化模式。

4. 非西方国家的全面兴起，全面释放南南合作的巨大潜力。

5. 引导全球化的未来走向，引领发展中国家修改全球化规则，改革全球治理机制与结构。

6. 加速由西方中心世界秩序往后西方世界秩序的过渡。

首先，中国的快速兴起与经济全球化之间是一种辩证关系，中国既受惠于过去三十多年的经济全球化，同时中国也成为推进全球化的巨大力量，而且作用巨大前所未有。因为中国全面融入世界经济，所以过去 30 多年的全球化，也被称为"超级全球化"（hyper-globalization），也就是说它的动员、席卷、渗透的力量，远超过历史上任何时期的全球化，把全世界所有社会都吸纳进来。几乎没有任何地域或人群完全不受到它的影响或者是牵引，无论是直接的还是间接的。中国正是对这样一个巨大力量起到了关键的放大与加速作用，虽然不是唯一，但却是最关键之一的。

其次，中国的快速兴起，在不知不觉中，有意无意中削弱了美国霸权的基础，美国逐渐失去生产、贸易、科技创新以及意识形态领域的支配地位，勉强维持安全与军事以及金融与货币领域的霸权，今日的美国与其苏联解体时曾经一度享有的唯一超强地位已经不可同日而语。

再次，中国兴起打破西方对普世价值的话语权的长期垄断。中国发展模式挑战西方主流经济学，撼动了西方主导的国际发展机构对于经济发展与政府治理的话语权。中国模式激发许多第三世界国家重新思考如何在社会公正、可持续性发展以及利伯维尔场竞争效率之间取得平衡。中国发展经验揭示了社会主义市场经济模式，可能在美国式资本主义与西欧式民主社会主义（福利国家）体制以外，开创第三条道路，而中国政治模式在平衡程序、能力与结果三个环节，以及引导社会追求最佳公共选择上有其明显的功效。

中国的快速再兴带动了非西方国家的全面兴起，开启了深化南南合作的新时代。以前很多发展中国家，它的文化、经济的导向都是朝向前殖民宗主国，这些亚非拉国家虽然形式上独立了，但各方面都难以摆脱对曾经殖民过他们的西方国家的依赖，像法语非洲长期高度依赖法国，自己的军队与情报和治安人员都由法国培训，甚至自己的外汇储备也都寄放在法兰西银行。被英国殖民过的国家在制度、认同和观念等很多方面都依赖英国。长期以来，这些发展中国家彼此之间的经济合作和联系比较薄弱。但是中国快速兴起后就不一样了，对东南亚、南亚、中亚、西亚、非洲乃至拉丁美洲国家而言，一方面它们可以与中国开展全方位的经济合作与互补关系，中国可以协助它们走上可持续发展道路。中国还主动搭建了与各地区的多边经济合作协调机制，把南南合作的巨大潜力全面释放出来。

对许多亚非拉国家而言，中国的快速兴起带给它们前所未有的自主发展机遇。三百年来第一次一个兴起中的超级大国不是以掠夺者、支配者或文明优越者的思维与态度来面对欠发达国家；

第一次有一个超级大国具备同时在上百个国家兴建电厂、超高压输电网、通讯光纤网络、铁路、地铁、高速公路、海港等超级基础设施的能量；第一次一个超级制造业大国能为全世界中低收入群体全方位供应物美价廉的工业产品与电子商务平台，协助几十亿人跨入数字与网络时代；第一次亚非拉国家的最大贸易伙伴与最大投资来源国，是以官方开发融资机构以及国有企业为推动经济合作与发展援助的主体；而且作为自己最重要的经济伙伴，中国了解它们的国情，不灌输意识形态、不强迫削足适履、不强迫买武器、不制造安全威胁、不搞政变。这种历史机遇是前所未有的。

正因为如此，中国可以对全球化未来的路径、指导思想或者人类社会各地域彼此之间的经济合作和交换的游戏规则，产生巨大的引导与修正作用，也就是可以推动世界秩序的重组。因此，中国的兴起就必然加速了从西方中心世界秩序往后西方世界秩序的过渡。

西方对中国开始全方位发挥重塑全球政治经济格局的趋势非常不适应，西方社会精英伴随而来的失落、焦虑与敌意，也是预料之中的。欧洲对"西方中心世界"的消逝有强烈的抗拒心理，美国更是对"唯一超强"地位有强烈的恋栈心态。美国特朗普政府在 2017 年底发布的国家安全战略报告，以及随后的国防战略报告，把中国与俄罗斯定位为最主要的战略竞争对手。并明确把中国定位为对挑战美国国家核心利益的主要威胁来源。认定中国为改变现状国家（revisionist state），指控中国和俄罗斯企图去塑造一个与美国价值观、利益相对立的世界。①

特朗普政府改变了建设性交往政策而进行战略转向，其根本原因是七十年来美国第一次遭遇有可能失去霸权地位的挑战。美国国家利益中最核心的利益是维护其全球霸权的地位，维护美国主导的国际秩序，并从中获益，不允许任何可能凌驾于自己之上的挑战者出现。因此，中美之间的战略竞争与对抗在可预见的将来必然愈来愈尖锐。这也意味着，当中国愈来愈接近恢复其人类历史舞台中心地位时，面临的挑战必然愈大，战略情势也必然更险恶与复杂。

四、推动超级全球化的三驾马车

过去 30 多年来的全球化之所以被称为"超级全球化"，正

---

① 有关特朗普政府对华战略调整的背景，参见 Kurt M. Campbell and Ely Ratner，"*The China Reckoning How Beijing Defied American Expectations*？"Foreign Affairs，March/April 2018 Issue。

是在于它的速度、渗透力与席卷力。"超级全球化"推动全世界各个社会参与一种非常细密复杂并且紧密的经济分工，在生产、金融、信息等各个方面的整合前所未有，此外，还有人员的流动都超越过去的历史纪录。但是在它前面有三大力量，或者说是"三驾马车"同时在牵引"超级全球化"。

"第一驾马车"是从 20 世纪 80 年代开始的美国里根和英国撒切尔夫人他们所倡导的新自由主义革命；"第二驾马车"是资讯与数字科技革命；"第三驾马车"是中国快速融入全球生产分工体系。

过去 30 多年新自由主义革命同时在国内与国际两个范畴，大幅度扫除了在全球范围整合生产要素与自由流动追求最高回报的各种政策障碍。各国政府为吸引资本的青睐，都尽可能打造对资本友善的营商环境，并对商品、资金、信息与人员的跨境流动提供便捷化措施。在新自由主义思潮的指导下，包括世界银行在内的各种国际机构与智库都给各国施加压力，敦促他们的政府进行私有化、自由化、市场化、去管制的改革，以及压缩政府的经济社会职能，并通过各种国际评比指标的发布来强化国际舆论压力。美国政府更通过经贸谈判直接向贸易伙伴施压，要求松绑金融监管，全面开放金融服务业与资本市场，并允许跨国金融机构直接参与银行、保险、证券与租赁等行业。美国与其他发达国家在升级版的 WTO 架构下积极推进更彻底的贸易自由化，把更多的产品纳入免税或大幅关税减让范围，各国政府对贸易自由化与区域经济整合可能带动的投资、贸易与经济增长的乐观期待，也促成区域经济一体化与区域自由贸易协定的快速发展。

其次，超级全球化也得益于科技革命。这个时期通信手段、运输工具、物流管理、网际网路、运算能力等领域都出现惊人的进步与突破。货柜运输与数字通讯让远程贸易的交易成本快速下降，网际网络与电脑运算及储存能力的快速升级，让跨国企业可以高效率、精准无误地组建，营运与机动调整超远距离与高度复杂的跨国供应链与销售网络，可以在全球范围精准而即时地将人力资源、物流、库存、销售、财务、客户等资讯进行整合。金融科技可以让所有跨国金融机构与数以千万计的投资人在全球各主要交易所，同步进行天文数字版规模的金融商品与合约交易的下单、撮合、对冲、交割、结算与保管登录。

再者，超级全球化也得益于中国快速融入世界经济。超级全球化既为中国的改革开放与高速工业化提供了极为特殊的历史机遇，中国的经济崛起也成为超级全球化的加速器，全面提高了全球化的速度与能量。从历史经验来看，西方国家主导的国际分工与交换体系从来没有经历过在如此短暂的时间里（不到 20 年）吸纳像中国这样巨大规模新成员的先例。自 2001 年中国正式加入 WTO 开始，中国从国际贸易体系内一个轻量级的成员，快速跃升为全球第一大贸易国，全球最重要的制造业生产基地，也在最短时间里在国际产业分工体系内连续晋级，建构了上下游供应链最完整的产业体系。中国也在最短时间内超越美国而成为拉抬世界经济增长的最重要火车头。中国不仅成为全球最大的能源与各类大宗商品进口国，也是全球最大的手机、汽车、空调、钢铁、水泥、玻璃、化肥等消费市场。

所谓"超级全球化"可以从两个角度来理解，一个是从全球化所追求的经济一体化之目标来理解，另一个是从全球化所实际达成的经济整合之结果来理解。哈佛大学拉德瑞克（Dani Ro-drik）教授就把"超级全球化"界定为以追求货物、服务、资金以及金融活动穿越国界之交易成本最小化为目标的一种全球化，这种全球化出现于过去 30 年间。我们也可以从全球化所实际达成的经济高度整合之结果来理解超级全球化。无论是与 19 世纪中叶开始的第一波全球化相比，或是与二战结束后"布雷顿森林体系"下重新启动的全球化相比，从 20 世纪 90 年代开始，透过跨国供应链网络、贸易网络、运输网络、资讯网络、金融网络、移民网络、跨国企业全球布局与交叉控股，把全球经济联结成为一个空前紧密、高度整合的整体，也让人类社会的经济相互依存达到空前的程度。

　　超级全球化带来三个结构性的改变。第一，精密而复杂的跨国供应链第一次出现，几乎没有国家可以在各种高附加值制造业领域维持封闭的、自给自足的产业体系，过去30年国际贸易中最终产品的增长比例要远远低于中间性产品（半成品、零部件等）增长速度，就说明了跨国产业链的长足发展；第二，金融全球化呈现爆炸性成长，虚拟金融活动全面凌驾于实体经济活动之上；第三，作为关键生产要素的劳动力之跨境流动性大幅提高。

　　如果我们用贸易依赖程度与金融国际化程度这两个最常用的指标来衡量全球化，可以看出它在过去35年的演进速度是惊人的。图6的浅色线显示全球主要经济体的平均贸易依存度，根据右边纵坐标它占每个国家GDP的比重，从20世纪80年代以后都是快速上扬，直到2008年金融海啸为止才停顿。但是更惊人的是左边纵坐标度量的深色这条线，也就是金融全球化的速度。它反映了所有主要国家的对外金融资产与负债总额占GDP的比重平均值。从左边纵坐标来看，金融国际化程度在70年代的时候非常低，平均不到20%、30%，因为那时候跨国资本流动的管制非常严格，美国资本市场也是不开放的，欧洲也不开放，更不用说其他国家，更没有什么衍生性的跨国金融交易，石油与大宗商品期货交易也都没有。

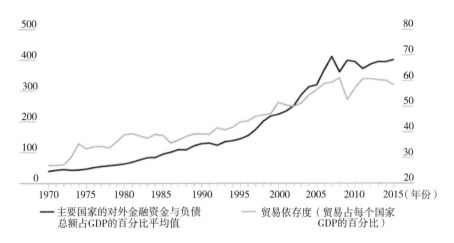

图6　衡量全球化的两个指数：金融与贸易

　　但从 20 世纪 80 年代末 90 年代初开始，这条深色的线迅速上扬，到了 2008 年金融危机的时候，平均达到全球每个国家 GDP 的近 400%，这是很可怕的一个数字，表现出一种庞大的、相互依赖的全球金融融合。但这里面其实有很多虚拟交易造成了巨量热钱跨国流动，造成了资产负债表的巨大变化。

　　过去 30 多年，通过对外直接投资以及生产外包，发达国家的制造业更是大量移转到亚洲，而中国成为接收外移制造业的最大基地，因为中国的劳动力素质高，供给量特别大。如图 7 所示，2010 年，中国的人口大概占全世界总人口的近 20%，而中国的劳动力占全世界劳动力市场的近 1/4，因为中国劳动参与率特别高，所以显示中国劳动规模的这个圆形占的面积在全世界是最大的，它比印度要大很多，因为印度妇女的劳动参与率非常低，而中国非常高，妇女占劳动力供给的45%。

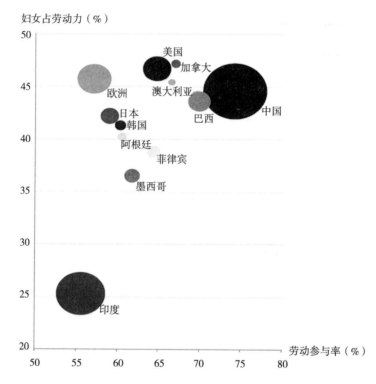

图7　2010年相关国家的劳动力规模、性别组成与参与比例

　　如此规模的劳动群体快速进入全球产业分工体系，是史无前例的。日本兴起也未曾带来这么大的冲击，"四小龙"更不用说。中国在极短的时间内成为全世界最大的制造业平台，目前制造业的生产总值早已超过制造业日益空洞化的美国，很快就要超越整个西欧。中国让欧美企业感到最震惊的地方就是它能够在很短的时间里，在全世界产业分工里快速晋级，从劳动密集与技术门槛很低的制造业，快速地往高端攀升。《金融时报》制作的一张图（图8）清楚地显示在许多科技含量很高的产品类别，中国的出口占全球市场的份额在过去十年快速攀升，例如光伏电池、有机化学、轨道运输设备、液晶显示器、柴油发动机、大型锅炉、超级油轮等，在 2017 年占到 20%、30%，甚至接近 40%。而且增长速度非常快。图8是《金融时报》的专题报道，是根据联合国的贸易统计数据所制作的，显示中国在短短十年内在这些产品类别的全球市场份额快速增加。[①] 未来，中国制造业还将跨入半导体、高速电脑、核能发电、民航客机等更尖端的科技产品。

此外，90 年代中期以后，数字科技也让劳动要素可以更自由地跨境流动。在新自由主义革命推进下，资本的流动已经高度自由化。商品更是无须多言，信息也是如此，唯有劳动力的流动还是受传统法令管制。但是在数字经济日益成为主流，以及信息与通讯科技突飞猛进的时代，各国劳工已经不需要真正在地理空间上移动，它同样可以揽活。比如你今天给美国的一个航空公司客服专线打电话，你也不知道接电话的人在哪里，他可能在菲律宾，也可能在孟加拉国，他就是所谓的"电信移民"（telemigra-

---

① 图8取材于 "China's relentless export machine moves up the value chain" *Financial Times*, September 23, 2018, https://www.ft.com/content/cdc53aee-bc2e-11e8-94b2-17176fbf93f5。

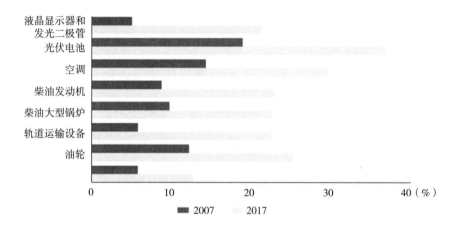

图 8 近十年中国高科技产品所占全球出口比重的变化

nts)。全世界服务业从中阶到高阶的受雇者,例如从事软件设计、网页设计、美术编排到财务分析的,都无法逃避全球劳动市场一体化的趋势。这个趋势很难阻挡,你在边境筑高墙也没有用。所以全球化的确对西方国家白领劳工带来巨大的冲击。在美国某医院里负责解读 X 光扫描的或者要写检查报告的技术人员,他可能跟孟加拉国一个有同样执照的技师一起抢这份工作,而另外一边只要 1/20 的工资,就愿意做这件事。

五、超级全球化与逆全球化风暴

新自由主义革命推动的全球经济一体化、自由化、信息科技革命以及中国的全面融入拉动了"超级全球化"。同时，"超级全球化"带来的后果也引起了广泛关注。哈佛大学的经济学教授达伊·罗德里克（Dani Rodrik）指出，"超级全球化"基本上导致两个后果，一个是国家丧失经济主权，尤其是除了美国以外的那些国家，因为它们都是中小型国家，所以国家的经济决策权会慢慢流失。比如影响欧洲人生计的主要决定都是欧盟做出的，而不在各国首都或不由各国国会做，或者有些决定也不是欧盟做出的，是 IMF 在做，甚至也不是 IMF，而是 Google、Microsoft、Facebook 等超级跨国企业在做，他们做出了影响你生活方方面面的各种决定。

另外一个后果就是他担心的西方民主体制的社会基础全面动摇。道理很简单，因为本来民选政府最重要的职责就是社会保障职责和经济发展职责。这两个职责都是建立在国家有能力主导经济的基础之上，如果国家经济主导能力与政策工具慢慢流失的话，它就没有办法去满足公民最基本的要求与期待。全球化产生的经济红利是巨大的，但是极少数人在瓜分这个经济红利，尤其是"超级全球化"必然带来风险与利益分配的严重不均。在很多西方国家，大多数的中产阶级劳工群体，实际上正承受各种生活压力、就业压力的挤压，还有社会保障越来越不足的问题，所以他们是绝对的受损者。

但是这个问题在中国并不突出，为什么？道理很简单，因为并不是中国贫富差距没有那么大，而是即使中国收入较低的农民工，他的绝对收入、生活水准，在二三十年里，还是明显地上扬。为什么？因为中国是一个快速增长的国家，中国的增长速度是10%左右，但欧洲不是，欧洲现在进入了0到1%之间的增长。日本更不是，日本几乎连续30年都是接近于0的增长。"超级全球化"尤其是美国和英国推动新自由主义，改变了每个国家内部的社会游戏规则，改变了资本和劳工之间的权力关系，削弱了国家提供社会保障的能力，再加上所得与财富分配又严重不均，因此在全球范围内，一些具有绝对市场垄断力量的巨型跨国企业，变成了全球范围真正享有权力的主体。

它不仅在市场上有非常强的垄断地位，可以排除人家来跟它竞争，还可以影响几乎所有国家政府的政策。美国牵头的 TPP 谈判中最后的附件和具体规则，提议的都是美国的科技公司、制药公司、跨国银行等，它们雇佣美国纽约的大律师事务所制定这些规则，然后交给美国谈判贸易代表去和对方谈判。在这种情况下，规则复杂，专有名词晦涩难懂，法官都搞不懂，将来还是得找这些受雇于跨国企业的大律师来解释。而且将来有贸易纠纷打官司也要来找这些大律师事务所，因此这些大律师是两头通吃，是跨国企业权力行使的代理人。

为了凸显巨型跨国企业的支配地位，一个倡议全球正义的非

216

政府组织国际联盟（正式名称为：NGO Global Justice Now），特别制作了图 9，这张统计图很简洁地反映了全球权力结构的扭曲。① 如果以企业营收和政府收入为比较基础，将跨国企业与行使国家权力的政府都视为经济体，那么前 100 大经济体中有 69 个是跨国企业，只有 31 个是国家。大型跨国企业中排名第一的是沃尔玛，它 2017 年营收比西班牙、荷兰、俄罗斯和韩国等国的政府收入还要大。所以当大多数国家面对这些大型跨国企业时，根本没有什么谈判筹码。主权国家的政府要去监管它，要去给它制定各式各样的法律，非常困难，而且这些企业基本上在全球各地都不太需要缴税，它们不但可以设法避税，还向各国政府要求租税补贴或其他特殊优惠。

同时，这些巨型跨国企业大多享有寡占或独占的强势市场地位，可以借助其垄断地位来攫取超额的利润，并企图影响各国政府与国际组织的政策与规定，让自己成为政治寻租的巨大受益者。②

---

① 最早的统计公布于 2016 年，现在每年都更新资料。请参见 Duncan Green， "The world's top 100 economies：31 countries；69 corporations," first published in the blogs of the World Bank，September 20，2016. https：//blogs. world-bank. org/publicsphere/world-s-top-100-economies-31-countries-69-corporations。

② Richard Kozul-Wright and Stephanie Blankenburg， "The rentiers are here," UNCTAD，September 26，2017. https：//unctad. org/en/pages/newsdetails. aspx？OriginalVersionID=1564.

Top 100 Countries/Corporations					
Country/Corporation	Revenue (US$, bns)	Country/Corporation	Revenue (US$, bns)	Country/Corporation	Revenue (US$, bns)
1 United States	3,251	35 Austria	189	69 Ping An Insurance	110
2 China	2,426	36 Samsung Electronics	177	70 United Arab Emirates	110
3 Germany	1,515	37 Turkey	175	71 Kroger	110
4 Japan	1,439	38 Glencore	170	72 Société Générale	108
5 France	1,253	39 Industrial & Commercial Bank of China	167	73 Amazon.com	107
6 United Kingdom	1,101	40 Daimler	166	74 China Mobile Communications	107
7 Italy	876	41 Denmark	162	75 SAIC Motor	107
8 Brazil	631	42 UnitedHealth Group	157	76 Walgreens Boots Alliance	103
9 Canada	585	43 CVS Health	153	77 HP	103
10 Walmart	482	44 EXOR Group	153	78 Assicurazioni Generali	103
11 Spain	474	45 General Motors	152	79 Cardinal Health	103
12 Australia	426	46 Ford Motor	150	80 BMW	102
13 Netherlands	337	47 China Construction Bank	148	81 Express Scripts Holding	102
14 State Grid	330	48 AT&T	147	82 Nissan Motor	102
15 China National Petroleum	299	49 Total	143	83 China Life Insurance	101
16 Sinopec Group	294	50 Argentina	143	84 J.P. Morgan Chase	101
17 Korea, South	291	51 Hon Hai Precision Industry	141	85 Gazprom	99
18 Royal Dutch Shell	272	52 General Electric	140	86 China Railway Engineering	99
19 Mexico	260	53 China State Construction Engineering	140	87 Petrobras	97
20 Sweden	251	54 AmerisourceBergen	136	88 Trafigura Group	97
21 Exxon Mobil	246	55 Agricultural Bank of China	133	89 Nippon Telegraph & Telephone	96
22 Volkswagen	237	56 Verizon	132	90 Boeing	96
23 Toyota Motor	237	57 Finland	131	91 China Railway Construction	94
24 India	236	58 Chevron	131	92 Microsoft	94
25 Apple	234	59 E.ON	129	93 Bank of America Corp.	93
26 Belgium	227	60 AXA	129	94 ENI	93
27 BP	226	61 Indonesia	123	95 Nestlé	92
28 Switzerland	222	62 Allianz	123	96 Wells Fargo	90
29 Norway	220	63 Bank of China	122	97 Portugal	90
30 Russia	216	64 Honda Motor	122	98 HSBC Holdings	89
31 Berkshire Hathaway	211	65 Japan Post Holdings	119	99 Home Depot	89
32 Venezuela	203	66 Costco	116	100 Citigroup	88
33 Saudi Arabia	193	67 BNP Paribas	110		
34 McKesson	192	68 Fannie Mae	110		

图 9　营收位居世界前 100 位的经济体

在新自由主义革命、信息革命与超级全球化的推波助澜下，全球经济权力空前高度集中，其导致的结果是什么？就是现在在世界遍地开花的逆全球化政治，尤其在西方国家内部民粹主义风起云涌。为什么？因为大量的中产阶级开始跌入贫穷，蓝领阶层以前高薪的工作早就消失了，所以很多家庭都是在经济停滞、收入停滞的边缘挣扎。

图 10 进一步表明，过去新自由主义改革推进得越激进的国家面临的问题越严重。有经济学家说不是全球化造成的，也不是中国抢了工人的工作，而是自动化、信息化，这也是正确的。但是信息化和自动化不必然会抢掉工人的工作，要看怎么引进新技

术。在瑞典这样一个国家，它有各种与劳动相关的法律，还有很多社会规范的约束。所以任何企业在引进新技术的时候，它一定设法让"机器怎么帮人"，而不是"机器替代人"。这就是社会制度引导技术引进时的路径，但在其他很多国家未必是这样。他们引进机器，就是要淘汰人力。①

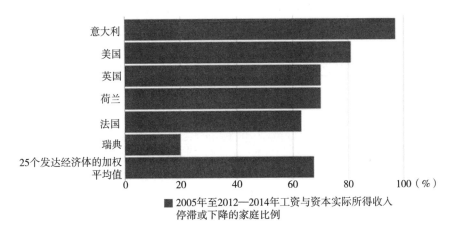

图10　兴起的民粹主义——发达国家家庭经济状况的停滞

从平均数来看，在过去的十几年里面，大多数的 OECD 国家的绝大多数家庭都面临收入停滞的压力，只有瑞典是例外。在意大利、美国 80% 以上的家庭收入是停滞的，当然也有倒退的，所以今天西方国家的动荡、社会冲突，背后的原因是累积

---

① 图10取材自 Martin Wolf, "Seven charts that show how the developed world is losing its edge," *Financial Times*, July 20, 2017, https：//www.ft.com/content/1c7270d2-6ae4-11e7-b9c7-15af748b60d0。

的，是过去 35 年经济地位和社会结构的一种剧烈改变，然后对中产阶级和劳动阶级严重不利。因此，特朗普这样的民粹政治人物也是在这个大潮流里崛起，突然之间像政治泥石流或者火山爆发一样，把主流政治人物冲垮。他一上来就搞激进的单边主义——"美国优先"，搞贸易保护主义，退出许多多边体制。所以很多西方国家很担心特朗普把美国过去的外交政策中的很多传统、价值观、所积累的国际信誉以及自己亲自打造的国际体系完全弃之不顾，而且有些国际制度和机制在特朗普激进的单边主义之下已经完全瘫痪了，WTO 就是一个典型的例子。他发动贸易战，对欧盟也课征惩罚性关税，对中国更不用讲。

现在美国是世界第二大贸易国，中国是第一大贸易国，这两个最大的贸易国打仗，WTO 在旁边一筹莫展，它既无法调解也无法劝阻，基本上等于全面瘫痪了。而且特朗普还威胁说，WTO 根本一无是处，他要带领美国退出联合国架构下面各式各样的多边协议，甚至连美国过去主导的世界秩序里面最重要的组织——大西洋联盟，就是跟西欧历史上具有特殊的价值观以及文明纽带上的密切关系都动摇了。尤其在英国举行公投时，特朗普公然宣布赞成脱欧，他的前任智囊班农（Steve Bannon）现在在布鲁塞尔建立了一个智库，联络欧洲各国的极右派，继续推进裂解欧盟的政治谋略。德法对他简直完全无法忍受。① 在这样的背景之下，美国的一些主流国际关系学者就开始担忧，现在这样的境况好像回到了 20 世纪 30 年代。

六、世界不会掉落"金德尔伯格陷阱"

　　最近哈佛大学的约瑟夫·奈（Joseph Nye）抛出一个问题。他认为很多国际关系学者在讨论二十一世纪国际秩序时，都担心中美关系是否会掉入"修昔底德陷阱"（Thucydides's trap），其实我们更应该要问世界经济是否会掉入"金德尔伯格陷阱"（Kindleberger's trap）。前者是取材于崛起中的雅典与既有强权斯巴达之间最终难免一战的历史教训。后者，奈目睹特朗普政府急于抛弃国际公共产品（public goods）主要提供者角色，开始担心中国是否有能力与意愿填补这个真空，否则世界经济将出现公共产品给短缺的危机。②

　　金德尔伯格（Kindleberger）是研究经济"大萧条"最重要

---

① "Bannon's academy for the global alt-right", *Financial Times*, May 2, 2019, https：//www. ft. com/content/f4da2951-7681-476b-a865-045a76158718.

② Joseph S. Nye, "The Kindleberger Trap", *Project Syndicate*, Jan 9, 2017.

的经济史学家。他研究世界经济危机是怎么起源的，为什么会快速蔓延，为什么全世界都没有办法自拔于经济危机之中。当然他得出的结论很简单，就是各个国家要进行经济分工和贸易，世界经济体要稳定运作，需要一个龙头，需要有一个领导者，这个领导者要提供所谓的"国际公共产品"。①

金德尔伯格从他的历史研究中提炼出"霸权稳定"（hegemonic stability）理论，这个理论的核心主张是：在缺乏世界政府的情况下，国际经济体系的稳定运行，需要一个强有力的领导者提供必要的国际公共产品。国际公共产品包括两个范畴：一是经济交换与合作的基础条件，即和平的国际秩序、跨境产权保护、开放的贸易体系、海上自由航行、通用的交易货币、稳定的汇率、交易规则标准化等，只有具备了这些条件，跨国贸易和投资才能实现。否则，这一体系将极难保持稳定，贸易战和货币战也就难以避免，并进而走入一种恶性循环。二是世界经济的危机管理机制，即一个强有力的国家在出现危机时扮演两个角色。第一，当经济严重紧缩时，这个国家是最后的购买者，它不但不会闭关自守，还会进一步开放市场，并且用财政刺激等多种手段维持旺盛的需求和

① Charles P. Kindleberger, "International Public Goods without International Government," *The American Economic Review*, Vol. 76, No. 1 （Mar., 1986）, pp. 1–13.

购买力；第二，在资本市场陷入恐慌时，这个国家是最后的信用担保者，可以实时为世界金融体系注入流动性，防止其陷入流动性陷阱，只有唯一的超级大国或紧密团结的少数核心大国才能扮演这样的角色，其他经济体都只能搭便车。①

金德尔伯格认为英国在第一次世界大战之前正是扮演这样一个"领导者"角色，开放市场，稳定汇率，维护和平和航行自由，等等。但是从 20 世纪 20 年代到 30 年代，西方出现悲剧的原因就是领导权青黄不接。当时英国已经没有力量去扮演这个角色，而美国也许有这个力量，但是没有这个意愿。所以约瑟夫·奈说现在特朗普治下的美国抛弃这个领导责任，不再愿意去扮演这个国际公共物品的主要提供者。奈的担心是，当前中国也许力量还不够，或者没有这种意愿，或者还想继续"搭便车"，因此一旦美国不愿继续承担国际领导责任，世界的经济体系会出现巨大的动荡甚至会慢慢解体，贸易战将一发不可收拾。然后万一再出现金融危机的话，可能也没有一个有效的领导者能够扮演危机管理的角色。

奈的担忧是很典型的美国主流外交精英的观点，他们对美国

---

① Charles Kindleberger, *The World in Depression*, 1929-39, Chapter 14, "An Explanation of the 1929 Depression," Berkeley: University of California Press, 1973, pp. 291-308.

中心秩序的衰落预设了各种悲观的结论。他们倾向于夸大美国领导地位的关键作用，并低估其他利益攸关者支撑全球多边体制的能力与意愿，也不愿认真面对从"西方中心世界"过渡到"后西方世界"的全球秩序重组过程中，以中国为首的重要新兴市场国家是否有可以扮演积极性与建设性作用的这个重要课题。所以他的分析是对历史经验一种片面诠释。

虽然，当下的世界的确存在类似 30 年代贸易大战悲剧重演的风险，但形成系统性危机的概率并不大，因为过去 30 多年全球化所带动的贸易网络、交叉股权结构、信息网络、金融网络、移民网络与跨国企业内部交易网络，已经把全球经济联结成为一个空前紧密、高度整合的整体，也让人类社会的经济相互依存达到空前的程度，全面逆全球化的成本对每个国家而言都太大了，大到几乎不可能做这样一种完全逆转式的激进政治工程。

从全球范围来看，全球化产生的相关利益攸关者群体的数量还是远大于受损者，所以全球化有基本支撑力量，反全球化的政治运动基本上是少数，而且主要出现在西方发达国家，超出这个范围以外，其实没有那么大的政治能量，不管是在中国、印度还是巴西，以及很多中小型欧洲国家与发展中国家，社会精英都明白自己国家没有别的选项，必须要融入全球经济，而且要维护这些原来很不容易建立起来的多边经济合作体制和国际规范。

　　奈也低估了以中国为首的新兴市场国家支撑全球多边体系的能力和意愿。事实上中国已经开始为国际社会提供大量的公共产品，我把它叫作"补充性或者替代性的国际公共产品"，而且已经建立了全方位、多层次、立体的与全球各地区的政策协调与合作的机制，这也是中国这十几年来非常重要的建树。在当前国际社会不够完整、不够完善的现有多边体制下，中国做了非常重要的补充性的体制建构，而且正引领新兴市场国家为全球化注入新的动力。所以在全球经济体系里，虽然局部浮现出一些裂解或者是逆全球化的力量，但是再联结或者深化融合的力量也在同时涌现，而中国在这里面扮演的角色非常重要。我的基本判断是再联结与深化融合的力量远大于裂解的力量。

　　当然美国可能因为自己块头特大，可以非常任性，不瞻前也不顾后，在双边关系里面滥用不对等的权力关系，而且在对手那里榨取越多越好，在当下某一个谈判里面得到最大的一种让步。特朗普的行事风格让许多保守派的外交资深人士都看不下去，担心美国的国际形象已经堕落为"流氓超强"（rogue superpower）[1]，但他毫不在意这些批评，还公开崇拜美国历史上

---

　　① Robert Kagan，"Trump's America does not care,"*Washington Post*，June 14，2018.

展现残暴不仁本性的人物。①但是，全球经济陷入"金德尔伯格陷阱"的风险应该是可控的，因为特朗普推进的激进单边主义在全球范围内遭到了很多国家强烈的反对，所有其他国家的立场基本上非常一致，他们不会跟进特朗普的激进单边主义，也不会轻易地在美国与中国的战略对抗中选边。2018年10月，亚欧峰会上50多个亚欧国家的首脑在共同的声明里面很强烈地表达他们对联合国体制，对WTO多边贸易体制，对维护整个以互惠、开放、自由为精神的贸易体制，还有包括全球气候变暖问题，巴黎气候协定，以及伊朗核协议坚定的支持，也就是跟美国激进的单边主义划清界限。虽然他们现在暂时阻止不了特朗普的片面行动，但是全球大多数国家都有这样一种共识，就不可能退回从前那种撕裂、对抗或者完全封闭的势力范围，甚至再去发动一场冷战。

七、美国霸权退位是机遇而非危机

欧洲国家对于中国开始扮演这个角色的心理非常矛盾，因为

---

① Gideon Rachman, "Donald Trump is updating America's historic ruthlessness," *Financial Times*, May 6, 2019, https://www.ft.com/content/c0f92d52－6db3－11e9－a9a5－351eeaef6d84.

他们长久抱持的西方中心思维一时间很难调整。西方国家担忧美国霸权的退位，仍希望美国继续扮演领导角色，因为对这个老大哥依赖惯了，更多是一种心理上的依赖。可是对广大的发展中国家而言，对全人类而言，美国霸权的退位是机遇而不是危机。

奈是一位非常爱国的学者，他在说明美国过去扮演什么角色，如何作为一个领导者，对整个国际经济体系或者全人类提供不可或缺的功能，包括作为主要国际公共产品的供给者，都是选择性诠释。如果仔细回看不管是战后 70 年还是过去 30 年的历史，美国的霸权本来就存在两面性，它既提供了一些国际公共产品，比如说稳定汇率之类，因为贸易与金融交易是以美元为定锚的。但是另一方面，它也是很多国际公共之恶（public bads）的主要来源。例如，美元作为全世界的主要储备货币，但如果美国滥用发钞特权的话，便是公共之恶。

另外，美国是很多地区安全秩序的主要维护者，但是它在扮演这个角色的时候，其实也带来很多公共之恶。美国常在各地区故意制造矛盾，然后让其中有一边或者两边都得依靠它，买它的武器。美国总是打压任何潜在的可能取代它的地位的后起之秀，主动排除在任何区域里面有任何力量可替代它"不可或缺"的角色。美国是"世界警察"，但对很多国家而言请这个保护者代价昂贵，而且政治副作用很大，你抗拒它的无理要求，就可能被列为政权更换的对象。此外，美国放纵华尔街在全世界发行有毒金融资产，还把金融管制全面松绑与金融产品创新当作一种进步改革思想推广到全球去，这当然是公共之恶。欧洲债务危机的起源，就是欧洲的监管机构与金融机构被美国华尔街那条思路洗脑了，购置大量美国机构发行的而且是被美国三大信评机构评为优质的衍生性金融资产。最后发生金融危机之后才发现这些金融产品都面临违约风险，可能一文不值，最后被迫打三折、两折进行清算。这些是美国制造的国际公共之恶（而不是公共产品）的一些明显例证。

另外，美国提供什么样的国际公共产品，并不是说这个世界需要什么它就提供什么，而是符合它的意识形态和国内强势政治集团、利益集团需要的，它才提供，不符合他们需要的，美国绝对不提供，而且也不准别人去提供，这是很霸道的。美国的国际角色必然符合国内执政精英所认可的美国利益与世界观。它也仅愿意提供美国主流意识形态认可的公共产品，排斥主流意识形态不认可的公共产品。华尔街、军工集团、能源巨头、高科技产业等利益集团在美国执政联盟里有举足轻重的影响力，所以美国推行的国际贸易、货币与金融秩序必然符合这些集团的根本利益。在这些强势集团的要求下，美国推动的全球化模式必然以保障跨国企业享有最大行动自由与发挥最大竞争优势为优先考量，基本上反对任何对跨国企业行为进行节制或监管的全球多边机制。美国主流精英的意识形态信仰是个人主义、自由市场、代议民主，倡导有限政府，又以文明优越者自居，所以他们把倡导普世价值，推行民主制度与自由市场也视为国际公共产品的提供，这引来极大的争议。所以美国主导的国际秩序的合法性、包容性以及可持续性都存在严重缺陷，只是过去没有任何新的动力促使其去转换、改革或补充。现在非西方世界全面崛起，美国自己开始战略收缩，正是修补、改革既有的全球治理机制的契机。

八、中国的关键作用

巨变时代正在来临。今天，二战后的自由主义国际秩序已经进入一个全面松动的阶段。美国过去 30 年主导的全球化模式已经难以为继，反全球化的运动风起云涌，新自由主义意识形态在新世纪的巨变中已经被唾弃。"第三波民主化"在新世纪已经失去主要动力，正在明显退潮，西方民主体制出现治理失灵与制度退化，陷入社会裂解与合法性基础的动摇危机中。欧盟面临解体的危机，脱欧的政治势力方兴未艾。西方中心世界加速没落的同时，非西方世界正在崛起，后西方世界秩序呼之欲出。

目前，我们正处在一个新旧秩序交替的过渡期。我们可以看到许多非常鲜明的指标，最有代表性的就是中国倡导成立的亚洲基础设施投资银行。美国用了所有的影响力，试图劝阻它的传统盟国加入亚投行，这真是凸显美国霸权衰退具有分水岭意义的一个事件。到 2018 年底，全球有 86 个国家成为亚投行的正式会员。亚投行得到发展中国家的热烈响应，因为现有的多边机构，如世界银行与亚洲开发银行，它们在美国主导下，其主导思想与政策已经与发展中国家的真实需求脱节。

特朗普带来的变局逼着中国和其他主要的新兴市场国家，重新思考自己应该在全球秩序转型与全球治理机制改革过程中扮演什么角色，如何有所作为。这其中中国当然是责无旁贷。事实上，过去几年中国在不张扬、相对低调的情况下，已经为国际社会提供了大量的补充性和替代性的国际公共产品。当然中国领导人也明白要量力而行这个道理，不能揽太多超过自己能力，或者在别人心理上也没有思想准备的情况之下去揽这些担子。同时，中国也并不纯粹是在道义上承担国际领导者责任，因为在很多领域里是利人利己，可以创造很多双赢或者多赢的可能性。在特朗普退出《巴黎气候协定》之后，中国已经成为领导全球因应气候变暖的实质领袖，中国不但会提前达成承诺的温室气体减排目标，并顺势治理国内空气污染问题，以及带动绿色能源产业的发展，更可能利用自己的技术与设备协助发展中国家逐步提高可再生能源比重。①所以中国开始在新兴市场国家里面做一个领头羊，而且承担国际秩序重组过程中的一个建设性角色，既符合新时代中国自身发展的需要，也有利于人类社会和平与发展，这在2008年国际金融危机以后特别明显。

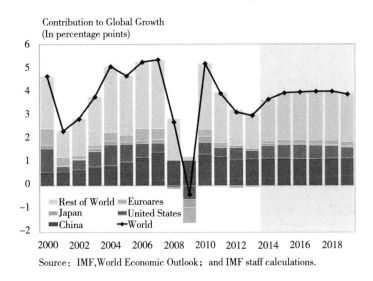

图 11　主要经济体对全球经济增长的贡献

如图 11 所示，单单就拉动世界经济脱离 2009 年之后的衰退而言，中国发挥的作用非常大。中国对全世界经济增长的贡献，至少是将近 1/3，有的时候更大，已经超过美国很多。所以当下

---

① Barbara Finamore, *Will China Save the Planet?*（Polity, 2018）.

世界经济的火车头是谁？是中国与新兴经济体。整个新兴经济体合在一起为全世界经济增长贡献 70% 以上的份额，美国大约在 18%。

到了 2016 年，中国在全世界贸易体系里的作用，已经是后来居上。中国从 2001 年开始入世，在短短十几年里面，已经成为世界最大的贸易国，发展惊人。①

中国的兴起也导致世界贸易流向的主轴出现结构性变化，而且这个变化打破了战后七十年的基本格局，甚至可以说扭转了过去将近两百年全球化的运行规律。法国著名的国际经济研究机构 CEPII 的两位资深经济学家福圭（Michel Fouquin）与于高（Jules Hugot）建立了一个从 1827 年到 2014 年的双边贸易流向的完整数据库，他们的数据显示从二战结束以来，世界贸易活动基本上是围绕着富裕国家的需求而展开的，他们定义的富裕国家基本上就是西方发达国家加上以色列与日本。世界贸易活动的主体是富裕国家彼此之间的出口，以及非富裕国家向富裕国家的出口（主要是原物料、能源与初级加工品）。从战后到 20 世纪结束时富裕国家彼此之间的出口占世界贸易的比重平均高达 40%

---

① Jeff Desjardins, "Four Maps Showing China's Rising Dominance in Trade," *Visual Capitalist*, First published on April 27, 2016, https：//www. visualcapitalist. com/four-maps-showing-chinas-rising-dominance-trade/.

以上，在 90 年代初期甚至曾达到 50% 以上；同一时期，由非富裕国家向富裕国家的出口在多数年份占世界贸易的比重也都在 25% 以上。所以以富裕国家需求为导向的出口活动几乎占世界贸易的三分之二。至于非富裕国家彼此之间的出口所占的比重长期以来都很低，从 20 世纪 50 年代到 20 世纪末都在 10%—14% 之间，而他们彼此之间的出口在第一次世界大战之前的第一波全球化（First Globalization）时期更是微不足道。所以，不难理解为何过去多边贸易规则基本上是西方发达国家制定的，它们也是战后贸易自由化最大的受益者。

但进入 21 世纪以来，贸易流向的格局起了根本性的变化，这个变化的主要来源就是中国在 2001 年加入世贸组织，并连续超越了日本、德国与美国，快速攀升为第一大贸易国。同时，中国与其他新兴经济体以及所有发展中国家的贸易规模都出现快速的增长。因此非富裕国家彼此之间的出口的比重就从 2001 年的 14%一路增长到 2014 年的 29%；与此同时，富裕国家彼此之间的出口的比重则从 2001 年的 45%一路下滑到 2014 年的 29%，两者已经旗鼓相当。如果加上富裕国家向非富裕国家的出口之比重（在 2014 年为 19%），合计就达到了 48%。也就是说，以非富裕国家的需求为导向的出口到 2014 年几乎撑起了世界贸易的半边天，而这个大趋势仍在进行，势不可当。

换言之，长久以来以西方发达国家为重心的世界贸易体系，在新世纪已经出现根本性的变化。未来，代表广大发展中国家的主要新兴经济体必然会在多边贸易规则的制定上发挥愈来愈大的影响力。而中国的“一带一路”倡议正进一步深化“南南合作”，会让上述的深层结构变化走得更快更远。更重要的是，当前西方发达国家涌现的保护主义与排外主义主要是对以富裕国家为目的地的出口贸易构成障碍与干扰，而以非富裕国家为导向的出口不但不受其影响，反而可能受惠于美国对中国发起的贸易战，因为他们会接收部分从中国转移出的生产线，而且中国政府与企业还会以更大的力度来协助这些经济体开发潜在增长能量与消费需求。总之，以非西方国家市场需求为导向的出口将逐渐凌驾于以富裕国家为导向的出口活动，而成为世界贸易的新主轴。

整体而言，中国为广大的发展中国家提供更良好、更宽松的外部环境，带给他们前所未有的可持续发展机遇，这可以从四方面来说：

第一，中国兴起重新开启了现代化模式多元竞争时代。很多人可能意识不到，中国的发展模式和中国道路，已经被很多发展中国家认真研究和参考。世界意识形态领域也发生了根本性的变化。20世纪90年代，西方的代议制民主、自由市场和公民社会，被普遍认定为人类文明发展的最高阶段，新自由主义当道，华盛顿共识成为不可更改的教条。非西方国家精英不由自主向西方社会发展模式靠拢，发展中国家普遍面临发展道路选项被高度窄化的困境。

现在有越来越多的发展中国家的政治领导人开始重新认识中国发展经验和发展模式。阿富汗战争后第一位总统，在卸任前夕，说若有机会重新来过，当然会选择中国发展模式，"这个模式快速、果断，讲究结果，带给所有人好处"。还有埃塞俄比亚，这个东非大国天然资源相对贫瘠，人力资源丰富，它认真学习中国的发展经验，汲取适合自己的实践策略或制度安排，产生了很好的效果。它甚至成立了类似发改委的规划机构，推进自己的"五年计划"——"增长与转型计划"。进入新世纪后，埃塞俄比亚的 GDP 成长在非洲是非常亮眼的，增长接近两位数。埃塞俄比亚的成长，让很多国家开始重新认识中国发展经验。

第二，中国的兴起重塑了全球贸易格局，过去南方国家与北方国家之间的不平等交换关系被颠覆了，中国成为全球最大制造业平台，提供各种价廉物美的高科技产品与高端设备，打破了西方跨国公司的寡头垄断。另外，中国对能源与原材料的巨大需求，拉抬了这些初级产品的价格，许多落后国家可以享受更有利的贸易交换条件，他们的出口产品价格上升，而需要进口的工业产品与软件价格不断下跌。中国企业让几亿非洲百姓轻易地跨入信息通信时代，例如，深圳的"传音控股"在中国市场没有销售过一部手机，而在非洲市场占有率竟达到48%，它的入门基本款式只要10美元，让非洲每一个人都买得起。中国的手机与信息通信设备厂商让广大非洲人民快速跨入移动通信时代、网络时代。如果没有中国的兴起，就没有这种可能性。

第三，中国开启了全新的发展援助模式，完全超越了落后国家与西方发达国家打交道的经验。300年来，第一次一个正在兴起的超级大国不是以掠夺者、支配者或文明优越者的思维与态度来面对发展中国家，中国对这些国家提供了各种协助，促进经济合作。中国推动经济合作的主体是政府搭建的政策协商平台，是以官方开发融资机构与国有企业为推动合作与发展援助的主体，并带动民营企业的积极参与，中国不以资本回报最大化为唯一标准，这种发展模式是西方国家不曾采取的，甚至在它们意识形态里所排斥的。

很多发展中国家存在发展中的瓶颈，其中最大的瓶颈就是在基础设施方面，它既没有外汇，更没有足够的融资条件来突破这个瓶颈。中国具备空前庞大的工程建设能力以及融资能力，可以同时帮助上百个国家克服基础设施不足的瓶颈，包括港口和深水码头、电厂、铁路、公路等设施的建设，这些都是中国可以发挥的能力。全世界没有一个超级大国有这种能量，更不要讲有这种意愿了。这些都是中国在这个快速变化的世界格局里所能发挥的巨大作用。

中国作为很多国家的第一大贸易伙伴、最大的投资来源国，尊重这些国家的国情，不灌输意识形态，不强迫这些国家削足适履，不强迫买卖武器，不输出颜色革命，这些都给广大发展中国家带来前所未有的信心。

根据 AID Data 的统计，中国在各个方面拉抬欠发达国家经济发展累加起来的作用已经明显超过美国。在官方发展融资领域，2011 年以后中国的融资规模就明显超越美国。中国近年来提供大量机会让发展中国家的政府官员、专业人士来华进行在职进修与技术培训，涉及农业、医疗、卫生、气象、工程、扶贫、能源、城市规划等多个领域。此外，中国企业在国外进行投资或承接大项目时，不仅大量雇用当地的职工，也会提供在职培训，甚至将部分骨干成员带到中国来培训，也是在帮这些国家提升人力资源。① 此外，中国也扮演关键的发展项目融资角色，在亚投

---

① 可参考麦肯锡顾问公司对于中国在非洲投资的一千家企业进行的调研报告《狮龙共舞》。根据这份报告，在非洲的中国企业雇用当地雇员的比例达到 89%，而且对 64% 的员工进行培训，参见 *Dance of the lions and dragons*：*How are Africa and China engaging, and how will the partnership evolve?* Mckinsey & Company, June 2017。

行还没成立之前，中国很早就通过国开行和中国进出口银行对很多发展中国家进行发展项目融资，其融资规模在非洲与拉丁美洲都超过世行与地区开发银行加起来的总和。

中国有一个特殊作用就是能够帮助大多数发展中国家发掘经济增长潜力，尤其是克服基础设施不足的瓶颈。因为中国体量太大，面对东盟、阿拉伯联盟、中东欧、整个拉丁美洲和加勒比共同体，乃至面对整个非洲，中国已经建立独有的"多加一"模式，或者叫"区域加一"模式，而且这些合作平台不是松散的，而是越来越实在的多边合作机制，它有领导人峰会，有部长级会议，还启动很多专项合作。而美国从来没有搭建过这样的多边机制，美国把很大精力用来搭建军事联盟，而基本上不重视与那些欠发达国家建立这种经济伙伴关系和全方位互联互通架构。

中国也在全球治理中逐渐成为很多重大议题的关键倡议者，至少是一个塑造全球共识的重要建构者。最明显的例子就是2016年在杭州举办的G20峰会。那次峰会的精神、传递的政策信号具有历史跨越性意义。在此之前，G20峰会关注的都是短期问题，比如保护主义、全球经济复苏还有金融系统性风险。但在中国的幕后运作下，G20峰会终于把视野与聚焦拉回到全球社会可持续性发展和全球治理机制改革的中长期的议题上，这是非常不容易的。①

此外，当前全球主要经济体的政策协商机制基本分成两个集团，一个是以美国为首的 G7 集团，另一个是以中国为首的"金砖五国"，现在因为特朗普的激进单边主义，让 G7 集团内部纷扰不已；而"金砖五国"却逐步升级。从金砖五国厦门峰会开始，BRICS Plus 的新模式开始运作，中国所带领的金砖五国希望把其他的新兴市场国家，例如墨西哥、印尼、土耳其等，也纳入这个重要的对话平台和政策协作平台，他们将在这个平台上讨论如何对重大全球议题形成共识，并且推出他们认为急需的全球改革议程。金砖国家主张国际体系的多极化，国际关系的民主化，以及更包容、均衡、公平与可持续的国际经济秩序。他们主张稳步推进这个长远目标，推动渐进改革与有序转型，不希望国际秩序出现混乱或崩解。

最近"普华永道"（Price Waterhouse Cooper）这家全球最大的会计师事务所与企业咨询顾问集团一起发布一份《2050 全球经济：长程展望》的报告，得到广泛的关注，也被包括美国兰德公司等美国智库所引用。这份分析报告最重要的结论之一就是

---

① "Hangzhou Communiqué: G20 Summit concludes with historic consensus on world growth," TRALAC, September 6, 2016, https://www.tralac.org/news/article/10415-g20-summit-concludes-with-historic-consensus-on-world-growth.html.

G7:美国、英国、法国、德国、日本、加拿大、意大利
E7：中国、印度、印度尼西亚、巴西、俄罗斯、墨西哥、土耳其

图 12　全球经济主导力量将转向 E7 经济体

在世界经济里新兴七大经济体将取代传统的 G7 集团①。这份报告发布了一个一目了然的统计图表（见图 12）。七大新兴经济体（emerging seven economies）简称为 E7，包括中国、印度、巴西、俄罗斯、印尼、土耳其、墨西哥，这些板块比较大的后起之秀未来在世界经济里举足轻重。根据购买力等值 GDP 来估算的话，在 1995 年，E7 的经济体量只是 G7 的一半。但是到 2015 年，E7 的经济体量就已经和 G7 持平了，当然在名义 GDP 上，可能还有

---

① https：//www. pwc. com/gx/en/issues/economy/the-world-in-2050. html.

落差。估计到 2040 年，E7 就会变成 G7 的两倍。在过去这个变化是难以想象的，所以未来 20 年我们进入非西方世界全面崛起的第二阶段，制定国际经济游戏规则的主角会有新的面貌。

九、中国道路跟人类社会的未来

在这些全球变化趋势下，中国道路跟人类社会之未来的关系更加紧密。中国领导人立志携手世界共筑更加紧密的命运共同体，在可预见的未来，在协同其他国家追求普遍安全、和谐共生、合作共赢、共同发展境界的过程中，北京将会从涉及人类社会整体福祉最关键的五个方面着手：第一，共同保护地球的生态和公共领域；第二，建立真正稳定、基于规范、保障多种文明共生共荣的安全秩序；第三，维持全球化的前进动力，并修正全球化路径与游戏规则，促进包容性增长，扩大经济受益群体，让全球化的社会支持基础更夯实；第四，全面改善全球治理机制长期处于落后于全球社会发展需要的状态，并改善国际公共产品供给严重不足与质量不佳的问题；第五，携手不同文明体系共同探索科技大爆发时代社会制度创新的机遇与挑战，发掘新兴科技的巨大经济效益并引导新生经济效益的果实合理配置，同时勇于实验创新型的智能型社会治理模式，共同应对新兴科技蕴含的巨大社会风险。

中国有机会开创令人耳目一新的新型世界领导者模式。首先，中国仍有维持长期中高速增长的巨大潜力，并与多数发展中国家有巨大互补优势，具备带动非西方国家持续发展的巨大能量。同时，中国立足于社会主义市场经济与共产党领导的国家治理体制，能够确保国家机构基本上不被跨国金融资本、军工利益集团或数字科技巨兽所掌控；能够维护社会主义核心价值，即优先保障广大群众的生存发展权利；在赋予国有资本以优先地位的同时，又能有效节制资本的掠夺性与破坏性。再者，中国仍在探索最佳的社会发展模式：制度创新的动力依然丰沛，意识形态包袱相对较轻，愿意学习与引进其他国家最佳的实践经验，鼓励多元文明相互借鉴。还有，中国已经基本建立科技自主创新生态体系，在许多新兴科技领域开始走在世界前沿，既可以为 14 亿人开创全新的知识型经济与智能型社会治理模式，又可以在全球科学知识群体中作出重大贡献，并有余力与广大发展中国家分享科技成果与协助训练人才。更重要的是中国传承兼善天下的文化基因，中国知识精英阶层仍深受传统的天下观、义利观等思维方式和道德观念的影响，更愿意承担对于弱小者的扶持责任；中国传统文化崇尚和而不同，包容与尊重多元宗教与文化，不强求价值标准齐一，不会制造文明冲突。

面对人类社会面临的共同挑战，为了落实人类命运共同体的理念，中国可以从五个方向进行探索与努力：

第一，如何保护好地球的生态和公共领域。人类作为一个相互依存的群体，我们只有一个地球，一个我们生存发展最根本的依托。地球上有非常多的公共领域和公共资源，不是哪个国家恩施的，而是属于全人类的。地球的海洋（除了领海和专属经济区外）、大气、通信频道，还有没有国家可以进行排他性拥有的南北极，都是公共的，还有很多我们目前不太了解的深海，更不用说外太空了。

怎样很好地去保护这些公共领域，节制滥用，做更好的管理、分配与共享，避免悲剧性的生态失衡，这是一个巨大的难题，也是无可逃避的全球议题。人类的生产与消费活动已经让地球没办法负担了，以前我们认为海洋无限宽广，不管倒多少废水，倒多少重金属，排多少废油都无所谓，它自己会稀释掉。然而事实不然，我们已经破坏了整个海洋生态平衡。很多国家对这些问题无能为力。另外，某些技术先进国家还试图借助自己的先进技术，占用更大的资源。知道鱼群在哪里就设法捕获更多的鱼，知道石油天然气在哪里，然后赶紧开采。不只是自扫门前雪，而是非常自私自利地攫取、掠夺、滥用。

第二，如何在国家和国家之间，民族和民族之间，文明和文明之间实现和平共处，并且保障彼此的发展机会。我们虽然讲和平与发展，但国际社会还没有一个真正稳定、基于规范、保障多种文明共生共荣的安全秩序。联合国虽然存在已久，但是安理会的功能基本上是残废的、瘫痪的。因为少数强国可以完全不理会联合国宪章和安理会职权，单边发动军事侵略或者推动他国政权更迭。这在西方国家与阿拉伯国家之间尤甚，文明冲突非常让人担忧。

中国协同俄罗斯与中亚国家共同创建的上海合作组织，是推进区域普遍性安全的重要创举，"上海精神"可以作为探索如何为全球社会建构可持续性的普遍安全的思想源泉。上海合作组织能持续壮大的一个关键因素，是各成员国愿意在互信、互利、平等、协商、尊重多样文明、谋求共同发展的原则基础上发展合作。这就是上合组织的成员国，承袭不同的文化与宗教传统，走过不同的发展道路，处于不同的经济发展阶段，实行不同的政治体制，但都坚持以平等互信为基础、以互利共赢为原则、以对话协商为手段、以共同发展为目标，都愿意推进共同、综合、合作、可持续性的新安全观。

在共同与普遍安全的指导理念下，上合组织尊重多样文明、谋求共同发展，强调开放透明、不结盟、不对抗、不针对任何其他国家和组织，不把自己的安全需求建立在牺牲其他国家的安全之上。上合组织更不是基于特定意识形态而结盟的政治集团，尊重所有国家独立自主选择自己的政治体制与发展道路，反对把特定的意识形态与价值观强加于人，也反对西方的意识形态扩张主义。

第三，如何维持全球化的动力，如何把全球化的动力和促进包容性增长的迫切需求结合在一起，让全球化的社会支持基础能够更加夯实。整体来讲，全球化将持续为人类社会创造出巨大的经济红利，但是它不应该只是完全为资本服务的一套游戏规则。全球化经济游戏规则，将来一定要做调整。过去 35 年在新自由主义思想下打造的经济全球化游戏规则，简单来说就是资本友善至上，私有经济至上，它的行动主体、它的主角或者利益驱动者就是大型跨国企业、跨国银行、投资机构、私募基金等。实际上它对整个社会产生了巨大的风险，积累了巨大的社会矛盾，也让虚拟金融活动泛滥，严重威胁到实体经济活动。它本身一定要做改革，否则逆全球化政治风暴会继续蔓延。如何去调整全球化的路径和规则，是迫在眉睫的全球问题，尤其要节制巨型跨国企业，特别是它的市场垄断力量，而且还要让它承担应有的社会责任。

所以未来经济全球化的游戏规则，一定要平衡资本友善、劳动友善、环境友善三者之间的关系，而且不能独厚私有经济，或者独厚大型跨国企业，要让微型企业、个体都有直接参与全球经济分工的机会。所谓兼顾资本友善，不是要把资本消灭，因为资本有它的活力与动力。在全球范围内，经济紧密融合的受益群体还在继续扩大。当务之急，是让世界主要经济体协同修正全球化的路径和游戏规则，来更好地实现包容性增长目标。全球化仍然具备充沛的前进动力与巨大潜力。而中国在推进全球经济"再融合"与"深化融合"，以及在开创分享与共享经济新模式上，将可扮演关键角色，这将是对人类未来非常重要的贡献。

第四，有序推进全球治理体制改革。虽然人类社会已经高度紧密相依，然而全球治理在很多领域里依然滞后，完全跟不上人类社会已经快速迈入高度相互依存时代的脚步。换言之，经济高度整合，生态上祸福与共，但是社会、文化跟政治方面的整合和协调机制严重不足。所以这个问题现在也非常棘手。但是美国提供的所谓国际公共产品是最低限度的，并且是有利于它自己的。美国霸权排除很多其他的可能性，所以国际公共产品供给长期处于严重短缺和质量欠佳的状态、全球治理机制也长期处于落后于全球社会发展需要以及公共管理严重缺位状态，需要及时来补充。另外，一定要在全球范围重建财税正义，因为现在所有的西方国家，也包括有些发展中国家面临的最大困境就是收不到税。因为跨国企业与富裕阶层很容易隐藏自己的利润与所得而政府很难有办法去规范他们，除非所有国家放下狭隘的个体利益，协商出全球性的租税合作机制，否则这些问题没有办法得到根本的解决。

第五，有效驾驭新兴科技的巨大潜力。全球社会面临的另一个巨大挑战是如何驾驭突飞猛进的科技变迁。我跟弗朗西斯·福山（Francis Fukuyama）不久之前在台北有一场对话，我就提出这样一个观点：在科技乃至综合国力各个方面，不管中国能否在2025年或者2030年超越美国，或者中国模式跟美国模式可能将来长期处于竞争阶段，真正竞争胜负的关键，不是在已经看得到的方面，比如人工智能、量子计算、生物科技、核聚变、半导体等，这些都是相对比较容易掌握的趋势。真正的挑战在于社会制度的创新。现在人类社会正处于社会结构剧烈变动的阶段，我称它为"科技大爆发时代的前期"，这些科技爆发将对我们整个社会生活的形态、公共治理的模式产生颠覆性的、革命性的影响，我们现在还只是刚开始探索而已。哪个社会能更快速地去调整自己，去驾驭这些新的技术，尤其是数字科技、资讯科技、人工智能、生物技术等，而且把它引导到对社会或者经济效益能够达到雨露均沾的作用上来，让这个社会的可持续发展得到增强而不是被削弱，这才是未来竞争的真正焦点和关键所在。①

① 长风文教基金会：《从历史的终结到民主的崩坏：弗朗西斯·福山讲座》，台北联经出版公司2018年版。

未来发展道路的竞赛就看哪个社会能够走在最前面,能够更灵活、更有开创性,而且让绝大多数社会利益攸关者在科技推进的社会制度变革过程中都有机会受益而不是受损,这真的是一个严峻的挑战。在这个领域里面大家都是学生,没有师父可以跟着学,因为差不多都在一个起跑线上。

对西方国家来讲,这也是历史发展上的一个全新的挑战,旧有体制可能也要做巨大的调整。像北欧现在正在开展的"无条件基础收入"实验,到底这个实验要怎么去设计,怎么让人工智能、大数据与机器人产生的经济效益中的很大一部分能够由社会重新分配,让每个人有最低的所得保障。按照现有资本主义逻辑,这些巨大的新增生产力可能都会被少数资本家攫取,那些所谓独角兽公司,经过首次公开募股(IPO)以后,只是让极少数的人一次性拿走公司未来的预期收益。例如将来某打车平台上市的时候,如果融资几百亿美元的话,如此巨大的股权分红就必然建立在未来10年或更长时间上千万网约驾驶员被剥削的基础之上,这种游戏规则绝对不能让它主导未来。像这样的垄断性交易平台,只要政府提供有效的法律架构与政策扶持,绝对可以转型为网约驾驶与乘客之间的一个网络产销合作社,平台的运作在扣除管理费用后可以把红利返还给生产与消费两端,并履行积极配合城市与治安管理的社会义务。当然,这样的新型分享经济模式会牵扯到巨大的利益冲突、复杂的博弈，但这样的思路也可以开启很多前所未有的社会创新实验，各种有利于可持续发展的创新模式都应该尝试，并发掘其潜力。

十、中国的全球担当

上述这些问题，不是单独一个国家可以解决的。很多涉及区域与全球层级新规范、新规则、新治理机制的建立。在这些领域，中国有无法推卸的发展中国家领头羊的责任。当前全球治理机制已经远远落后于全球化的进程，而且科技大爆炸所带来的一些新挑战，可能需要在区域和全球层次上都建立一些辅助性机制来支撑每个国家内部的体制改革和法律更新。否则，科技演变也可能把人类导向很黑暗的前景，AI 让迷信武力的国家发动战争与实行国家恐怖主义行径的心理门槛大大降低。还有，多数新科技带来的巨大经济利益，如果没有新的监管与社会再分配机制，很可能被极少数人全部囊括，而且将来这些垄断交易平台、智能专利与大数据库的企业创造的投资回报收益都是几百倍、几千倍的，因为知识经济时代很多生产活动的边际成本都是接近于零，最重要的生产要素是算法与信息，这些的复制成本趋近于零。

　　中国不仅要去补现有全球治理机制的不足，或者是现在的机制出现基础动摇时提供主要支撑，但这样还不够。因为中国走过不同的发展道路，更知道像印度、非洲这些国家需要什么。中国可以根据自己的发展经验，倡议新型国际公共产品的供给，这是过去西方国家不愿意提供的，他们意识形态里面非常排斥的。在新自由主义思维的影响下，西方主导的国际机构把很多欠发达国家面临的难题都推向市场。例如很多国家都说"我的基础设施不行，我没有很好的融资渠道"，这些机构就会说，你就找华尔街投资银行来给你当顾问，让它帮你设计融资方案来解决你短期融资和长期收益不匹配的问题。结果这些计划根本不可能启动，因为华尔街希望得到的投资报酬率太高，让这些项目的财务规划成为不可能。何况这些项目需要全面动用国家公权力，它的长期收益应该归社会所有，而不是由少数境外的所谓私募基金攫取。

　　过去西方国家的发展援助计划都是一对一，这是基于地缘政治的考量，几乎很少从整个地区的角度去考虑相邻国家的共同需要。你现在去非洲就会发现，很多国家的首都和首都之间没有民航航线，你得绕到约翰内斯堡、迪拜或伊斯坦布尔再飞回另外一个邻近非洲国家，很多邻接国家之间也没有铁路、高速公路或光纤网络，所以非洲虽然本身是一个很大的大陆，但它的互联互通处于极端落后的状态。中国在这个领域有相当大的作用可以发挥。

在"一带一路"倡议下，中国正全力推进欧亚大陆经济一体化，推动大范围的跨国基础设施互联互通。在未来十年、二十年、三十年中，中国的这些新倡议，会给世界尤其对发展中国家带来翻天覆地的改变。最明显的应当就是非洲大陆，而非洲又正好是未来全世界经济发展的新大陆，现在非洲人口已经超过 13 亿，很快要向 20 亿迈进，人口对它而言是一个巨大负担，很容易产生饥荒、疾病、种族灭绝、恐怖主义等问题。所以非洲实现可持续发展，对全人类都很重要。中国与非洲有很好的互补优势。比如现在由中国电信带头跟非盟合作，搭建"非洲信息高速公路计划"。采取中国典型的"八横八纵"的举国体制，此一宏大的构想已经在逐步落实，大概 2025 年就可以完成，15 万公里宽频光纤网络穿越非洲 48 个国家，覆盖至少非洲 1/4 人口，而且每个国家会在骨干网络之外，铺设当地的枝干网络，将来它覆盖的范围会更大，等于一口气把非洲的几亿人带入网络时代，帮他们打开各种可能性，将来可能全球消费者都可以通过阿里或者其他网站直接找到非洲的淘宝店家。

中国的发展思路也与西方主流思维不同。中国尊重国情，认为每个国家都应该因地制宜，而且不同发展阶段就要有不同的对策，并主张政府和市场两手并用，这些是超越西方主流思维的经验。另外中国经济体量特大，产业结构已经全面提升，未来提供的全球性公共产品在深度与广度上必然超越过去西方国家的想象。当然也因为这样招致西方媒体各种"吃不到葡萄说葡萄酸"的冷嘲热讽，甚至是妖魔化的诬蔑，诸如"制造债务陷阱云云"。

西方媒体的污蔑都是捕风捉影，倒是中国对众多发展中国家的援助与投资对当地经济发展产生积极促进作用，确有坚实的经验证据支撑。AID Data 这个大学智库长期收集全世界和发展援助有关的所有数据，并且回溯了很长的时间。所以它也追踪中国在过去 14 年，在全世界 138 个国家里面通过技术援助、工程援助或者贷款援助的 3485 个大型项目，去评估它的经济影响和作用。测量方法很简单，它根据卫星的夜间空照图，看同样一个位置亮度层次与空间分布的变化。因为他们已经有非常完整的经验资料去支持这个模型，这些亮度资讯经过测量以后，可以非常准确地来估算当地真正的经济活动跟它的人均实质所得，而且还可以看它的经济活动在空间上的分布是非常集中还是扩散程度非常大。结果 AID Data 发现，中国投资的这些项目既促进了当地的经济增长，而且还让它的经济发展在空间上的覆盖程度进一步扩散，有助于当地收入分配更均等化。这都是 AID Data 根据 14 年来 3000 多个项目的地点的卫星夜间空照图进行数学推算得出来的一个重要结论。①

中国不仅可以提供比较传统的公共产品，比如说跨国的高速公路、洲际的铁路运输，也可以提供新型的公共产品，特别是技术与知识的分享，以及在信息、通信与能源领域的大区域互联互通。

很多接近海洋的国家，如果没有好的深水港，没有好的集装箱码头和伸向内陆的铁路运输，也是没用的，这两个要搭配在一起。这两个方面，现在中国在全球范围内大力推进。比如说希腊政府几年前快倒闭了，它把原来最大的比埃雷夫斯（Piraeus）港交给中远海运公司（COSCO）运营35年。当然也有本国人说希腊政府是在贱卖祖宗的资产，但其实整体来看是一件好事，为什么呢？因为希腊自己没有能力再更新、扩张这个港的设备与容量，COSCO一开始投资，马上把比埃雷夫斯港的吞吐量翻倍，未来甚至还可以再翻倍，而且马上开始配合兴建铁路，把联结的铁路一直往巴尔干半岛延伸，让它的吞吐量更大，这是以前任何政府都做不到的。现在由中国企业和港资企业在全球承租或者投资、或者营运的集装箱深水码头，占全世界海路集装箱运输的比

① Soren Patterson and Bradley Parks, " Chinese infrastructure investments reduce inequalities in developing countries," AIDdata, December, 18, 2018, https：//www. aiddata. org/blog/chinese-infrastructure-investments-reduce-inequalities-in-developing-countries.

重高达 70%，难以想象。

"一带一路"倡议将为欧亚大陆开辟许多新的陆上经济走廊。过去全球化的经济辐射作用高度集中在沿海地区。离沿海300 公里以上的地方，辐射作用越来越弱。但中国通过基础设施建设，通过铁路、高速公路、内陆经济走廊让内陆国家与地区也可以便捷地联系全球经济。它的覆盖空间与辐射作用会超过以前任何历史时期，这也是让全球化与包容性增长目标相结合的必要策略。现在，由于中欧班列的运量逐步增加，中国许多沿海大城市都出现""一带一路'超市"，让中亚、西亚、中东欧等各地的特产利用中欧班列富余的返程运力直接出现在中国消费者的面前。

中国对落后国家的技术与知识分享也远远超越西方发达国家。中国不会对落后国家事事讲知识产权，然后坐收专利权利费用。袁隆平去中东教当地人怎么种咸水稻，从来不是从牟利角度出发，说先申请个种子专利，然后每年靠卖种子给当地农夫来赚钱，那是孟山都（Monsanto）干的事。当然，孟山都一定反对你搞这些农耕技术援助工程，因为动了它的奶酪，让它以前赚取暴利的模式搞不下去了。但是要站在人类整体的发展来看，这是好事，利人利己，为什么不鼓励呢？中国把自己富余的产能运用在其他需要的地方，在环境、绿色能源、农业技术等很多方面，提供技术与知识分享机制，这非常难能可贵。

中国将来也一定是全球电子商务平台的领导者。试想，如果像顺丰的快递服务可以遍布全球，而且小额跨境商品交易享受零关税，那就形成彻底的全球化经济。哥伦比亚种植咖啡的农民，可以在全世界找消费群体下订单，定量生产，而且通过区块链技术数字化追踪咖啡的生产与运输过程，保证是有机的，没有假冒伪劣。很多消费者不再需要经过星巴克了，把原来星巴克从源头垄断采购到高价零售环节中的巨大利润返还给生产者与消费者。

中国也将积极参与互联网领域新全球规范的建构。现在第六代互联网协议（IPV6）事实上已经打破美国独家的主控权，变成一个真正实现共建共有共享的全球基础设施。中国现在也是在积极参与互联网行业、数字经济规范和经济规则的制定，比如中国定期在乌镇举办世界互联网大会。一开始这个大会还没有很大影响，但慢慢全世界的互联网行业巨头都会认为他不能缺席这个年度集会，因为将来很多行业中一些新的发展趋势和合作机会，还有一些新的规范的制定，都慢慢会在这边落地生根。

习近平主席 2015 年 9 月出席联合国发展峰会，倡议"探讨构建全球能源互联网，推动以清洁和绿色方式满足全球电力需求"。虽然这个倡议现在还没有落实，但是欧亚大陆沿线很多国家开始感兴趣了。中国规划从欧亚大陆开始做起，通过全球范围内特高压的输电网连接，实现全世界能源供给的共享，在技术上与经济可行性上没有问题。因为中国有一家全世界排名第二大企业——国家电网，它在这个领域里面的技术领先全世界，因为它首先解决了中国自己的西电东输问题，也在巴西、菲律宾、澳大利亚承担建设长途输电网的工程。此外，中国在光伏发电、第四代核能，以及核聚变能源领域都走在世界前沿，这些都是更清洁与更安全的能源，可以减少碳排放，更符合可持续发展。而全球各地区由于时差，发电与供电的高峰与离峰彼此错开，电源可以共享。如果将来真的有一天，这个愿景能实现，人类社会与命运共同体就相距不远了。等于说人类把最重要的基础需求，一天不可或缺的能源需求捆绑在一起，那么不可能打仗了，我也不可能用网络病毒攻击你，因为大家的核心利益已经捆绑在一起，难分难解。

理性与非理性的博弈

——全球大变局的症结与应对

蔡 拓[①]

　　大变局的说法由来已久，以李鸿章所言"数千年未有之大变局"影响最甚。当今，无论是政治家还是学者，无论是中国还是世界，都喜欢用世界大变局、全球大变局来形容、概括国际社会出现的新问题，世界形势出现的新变化，人类文明出现的新进步。总之，这是一个褒贬并存的词汇，也可视为一个跨学科的研究领域，但指的都是新近出现的，在或长或短的一个时期内影响人类社会生活的重大问题、变化与趋向。

　　对于国际关系、国际问题研究来讲，全球大变局更是一个熟悉的词汇，因为全球大变局研究就是要关注全球范围内国际关系出现的新变化。那么，当前的全球大变局有哪些表现，其症结何

---

　　① 蔡拓，中国政法大学全球化与全球问题研究所所长，教授。

在，中国又该如何应对，显然这正是当下最为重要的问题。

全球大变局的现象

自冷战结束以来，国际关系出现了三次大的变化，国际体系出现了三次变革。首先是冷战的结束，宣告了两极争霸的格局解体，西方主导国际事务，特别是美国独大的局面形成；其次，2008 年的国际金融危机，新兴经济体群体性崛起，西方主导的国际体系受到重大挑战；再次，以 2016 年特朗普入主白宫和英国脱欧为标志，二战后建立的由美国领导的自由国际秩序受到根本性冲击。现在所讲的全球大变局，正是就这一新背景而言的。从现象层面概括，当前的全球大变局主要体现在如下几个方面。

其一，逆全球化浪潮汹涌。在人类社会发展的进程中，全球化是一种特殊的现象，也有着特殊的意义。特别是近代以来，全球化与人类生活息息相关。而逆全球化则对 20 世纪 70 年代以来的这一轮全球化说"不"。当下的逆全球化不仅是对全球化所导致的全球贫富差距表示不满，更是对全球化本身予以否定与批判。于是才会出现英国脱欧、特朗普当选美国总统、欧美难民问题日益严峻等事件。正是在逆全球化浪潮的冲击下，全球贸易、投资明显下滑，保护主义兴起，自由贸易受阻，全球经济出现困境。

其二，国家主义、民族主义、民粹主义强势崛起。伴随逆全球化浪潮而来的是国家主义、民族主义、民粹主义的崛起。冷战结束后，由于全球化和全球治理受到重视，所以凸显了全球主义的理念与价值。而逆全球化则反其道而行之，力主国家中心、国家本位，强调本国、本民族的至上性。用特朗普的话来讲就是"美国优先""美国利益第一"。与此同时，反精英、反建制的民粹主义也异常火爆，它们把当前国际社会的经济低迷、社会动荡、冲突加剧归罪于精英倡导的全球化和全球治理。

其三，强人政治受到青睐，民主理念与制度受到冷落、否定。由于现有的国内外治理体制、理念、政策都存在不同程度的问题，导致国际社会的整体性困惑，所以强人政治成为当前的一种走向，民主理念与制度受到空前的质疑与批评。冷战结束后，传统的高度集权的制度和强人政治曾受到反思，第三波民主化浪潮兴起，民主制度明显扩展。但在2008年国际金融危机后，由于全球经济治理的不力，全球环境特别是气候治理受阻，欧美难民问题加剧，以及恐怖主义猖獗，现有民主制度的治理能力与效力受到批评，加之国家主义、民粹主义大行其道，所以强人政治有了回潮的土壤。近年来特别是2017年，美国学术界担心民主崩溃、颓败、退潮的讨论与著述增多，一些学者认为，世界进入了"民主错乱的新时期"，其表现就是，民主的衰退已蔓延到欧洲和美国这些核心的自由民主国家，整个世界的光谱向权威主义一端偏移。

其四，自由主义国际秩序受到严重冲击。根据国际社会的基本共识，二战后确立的国际秩序与国际体系具有三个明显特点：一是自由主义的理念与价值，即自由、民主、人权、法治、市场经济；二是西方的主导地位，特别是美国的领导地位；三是以联合国、国际法和国际规则为依据的制度治理，所以西方的主导地位和美国的领导作用也主要体现为制度霸权。直到冷战结束，自由主义国际秩序始终受到中苏等国家和社会主义阵营的批判与抵制。冷战结束后，该秩序逐渐得到国际社会的认同，包括中国都成为这个秩序与体系的认同者、融入者、建设者。但是今天，自由主义国际秩序与国际体系遭到美国政府的批评。特朗普要终结的不仅是美国的"新自由主义革命"，还有二战至今的基于理想主义的全球化，以及相伴相生的自由主义国际秩序。他要打破既定的国际秩序与国际体系，建立服务于美国利益的国际秩序与国际体系。他的安全顾问博尔顿也持这种观点，认为与全球主义紧密相连的全球治理和自由主义国际秩序削弱了国家主义和美国的国际力量，使美国付出过多代价，必须抛弃。

其五，中美贸易摩擦和"特朗普革命"。全球大变局不仅表现于上述关涉国际关系发展方向、制度、理念的重大问题，还更具体地体现于中美贸易摩擦和由于特朗普的不确定性所导致的乱象丛生的国际关系。在全球经济事务中，两个举足轻重的大国发生了震撼世界的贸易争端。而商人出身的政治家特朗普又时常突破已有规则的束缚，无论是在国内事务还是在国际关系中都独来独往，或是令国内建制派无奈，或是以"退群"的方式让国际社会惊愕，导致国际关系的极大不确定性，增加了国际社会的风险。

其六，难民问题方兴未艾，身份政治异军突起。在全球大变局及其所造成的乱象中，另一问题也不能忽视，那就是欧美的难民问题。值得注意的是，当前的难民问题已不同于过往的由于战争、贫困、突发的环境灾难等所引发的难民流动与安置问题。这个意义上的难民问题固然还存在，仍需要认真解决，但当前的难民问题更多地涉及身份认同、身份政治，即难民在一国（当下主要是指在美国和欧盟国家）驻留后，如何确定身份，如何在价值观念上解决自身的文化特殊性，以及与迁入国的主流文化之关系问题。换言之，今天的难民问题固然仍有经济的因素，但更多的是文化因素。身份认同、身份政治的碎片化，已形成对一国主流身份认同、主流身份政治的挑战。

全球大变局的症结

以上概括的全球大变局的六大表现，其共同之处就在于非理性，即体现了对当前国际关系的非理性认知。换言之，非理性正是当前全球大变局的症结所在。

非理性是相对于理性而言的。在一般的、通俗的意义上，理性是指人有区别于动物的思考和思维能力，能够运用智力，以推理方式得出符合逻辑的结论。也意味着能够综合运用各种知识，对客观事物和社会发展做出符合实际的评判、定位与选择。显然，非理性就是不能正常地运用智力进行逻辑推理，也难以对客观事物和社会发展做出符合实际的评判，提出切实可行的对策，往往体现为任性、感情用事、过于极端和片面等。上述全球大变局的六大表现，都可以从非理性角度予以分析与解读，从而有助于我们更深刻地把握当前国际关系的特点。

逆全球化的非理性在于，对全球化的认知出现了误解。表现之一，全球化被仅仅或主要理解为一种经济现象与进程，而事实上全球化是一个涉及经济、政治、文化、社会的全方位进程，不能仅仅从经济角度予以评判。表现之二，混淆了全球化的本质与现象。全球化的本质在于，展示人类日益相互依存，并作为一个类主体求生存、谋发展，逐渐形成一种新的整体性文明的客观历史进程与趋势，也就是马克思 170 年前所说的进入"世界历史"时期。而全球化现象，当前主要是指全球化政策的负面性及全球治理的困境。由于未区分本质和现象，所以当下就误把全球化不当的政策带来的负面性和诸多挑战归罪于全球化本身。表现之三，忽视了全球化的过程性与阶段性。全球化是一个长期的历史过程，而我们今天所遭遇的全球化，不过是 20 世纪 70 年代以来的最新一轮全球化。这轮全球化经历了启动、繁荣和下行三个阶段，人们对全球化的不满主要源于 2008 年国际金融危机导致的全球经济困境和社会动荡。但是在评价全球化的历史地位时，不能仅关注近十年这个时段，至少要看到地理大发现以来，全球化对人类文明的贡献，这样才可以避免"全球化过时论""全球化死亡论"，才可能克服对全球化和全球治理的悲观认知。表现之四，全球化在相当程度上被误解为资本主义全球化。导致这种误解的原因在于未区分资本的全球化与资本主义的全球化。资本的全球化是生产要素的全球化，它是客观的、中性的。而资本主义的全球化则附着了政治制度与意识形态，反映着生产关系。同时这种误解还在于未区分历史上的全球化与当代全球化。20 世纪 70 年代以前的全球化可称为历史上的全球化，这个开启于地理大发现的全球化，伴随着资本主义生产关系、资本主义制度的扩张，体现了阶级中心、国家中心、资本主义中心，所以可称为资本主义全球化。而20世纪70年代后的全球化则开始凸显人类的整体性，尽管西方发达国家还主导这一轮全球化的进程，但共同问题、共同利益、共同价值的存在，使得当代全球化已不能简单地再定位为资本主义全球化，它具有了新质。表现之五，全球化的价值导向与内在理念被简单地理解为自由主义。这也是一种误解，全球化的理念与价值之根是全球主义，自由主义要服务于全球主义，由于自由主义具有歧义性，最好慎用。

国家主义、民族主义、民粹主义强势崛起的非理性在于，迷恋国家本位与国家中心，神化底层民众作用，盲目仇视精英。不言而喻，国家是国际关系中的最基本的行为体，所以在今后很长的时期内，国家在国际关系、全球治理中的地位与作用仍然居于首位。但同样明显的是，国家已不可能垄断人类公共事务的管理，必须学会同成长中的社会力量协调、对话，共同应对全球问题，管理公共事务。所以，仍然固执地坚守国家中心、国家本位是落伍的表现，也无助于人类应对各种相互连接的复杂的问题。至于精英与民众的关系，简单地偏向任何一方都是片面的，必须学会在制度性框架内，通过协商处理公共事务，平衡双方的关系。

强人政治受到青睐，民主理念与制度受到冷落与排斥的非理性在于，只认同强人政治在处理内政外交上的权威性，推崇其效率，而忽视甚至忘却了强人政治在价值观念合法性上的缺失。强人政治在一国的出现有其内在原因，在整个国际社会也有市场，从而表明现行的制度、政策存在问题，在这个意义上强人政治的产生有其现实合理性。但这种现实合理性绝不意味着价值观念上的正确性、政治上的合法性，以及处理内政外交的可持续的有效性。强人政治的根本弊端就在于缺乏制度化的有力的民主监督，容易走向权力崇拜与专制。正是由于对强人政治的过度纵容，所以民主理念与制度遭到冷遇甚至排斥。这里的非理性在于，没有把反思民主与反对民主严格区分开，夸大民主的不足与缺欠，走向另一个极端。

自由主义的国际秩序有着内在的弊端，那就是西方主导，制度霸权，因此，遭到人们的批评和反思是理应之事。但是，自由主义国际秩序毕竟是二战后集体协商的结果，反映了二战后的战略力量的现实和对集体安全、制度治理的共识，并以联合国为基本框架处理国际关系与事务，应当说直到今天，其还有生命力，为国际社会所认可。特朗普及其追随者要打破、改变自由主义国际秩序和国际体系，以实现"美国优先"，这显然是极其不理性的行为，已对现有国际秩序与国际体系构成了重大冲击。中美贸易摩擦和"特朗普革命"的非理性更是为世人所感知,其恶果已威胁到世界经济的正常运行和国际关系的平稳发展。自由贸易是世界经济健康发展的基本规则,也是国际社会的基本共识,但美国却抛弃这种共识和规则,任性地发起贸易战。诚然,世界经济、中美贸易存在结构性问题,两国贸易政策也需要进行反思和调整,但以贸易保护主义来应对中美贸易不平衡问题,显然是偏离了正轨。在中美贸易战的同时,"特朗普革命"全面出击,从退出《跨太平洋伙伴关系协定》《巴黎气候协定》《伊朗核问题全面协议》,到退出联合国人权理事会、《中导条约》,乃至威胁要退出 WTO,特朗普的"革命"与任性已严重冲击现有国际体系,损害了现有国际秩序。

难民问题和身份政治更为复杂,涉及人性、人权和更深层次的文化基因与选择,如宗教、血缘、族群、传统等。从非理性的角度上讲,在难民问题中,生存权(主要体现为生命和维系生命的经济供给应得到的保障)与公民享有的广泛权利并未作必要的区分;宪法规定和保障的普遍性的公民权与个人、族群、宗教、传统所坚守、维护的特殊权利与文化偏好未区分开。于是,原本合理的难民的生存权与进入他国后需要时间和政策调整才能逐步实现的公民广泛权利之间就产生矛盾,而这种矛盾往往就通过难民与融入国公民的冲突表现出来;更值得关注的是,在难民问题上的政治性冲突的表象背后，身份的诉求日益强化，而这种身份诉求已不再停留于居于少数地位的族群要享有平等的主流族群的公民权利（即宪法规定的权利），而是要突出和保护自身的特殊性。这样一来，维护人权和人道主义的"政治正确"原则就被非理性地解读为自身特殊权利的护身符。尽管"政治正确"中的非理性在美国、欧盟中表现最为突出，但世界各国的民族、宗教等问题都会涉及，不可忽视。

中国的应对

全面审视全球大变局，特别是认清全球大变局中的非理性因素，明确以理性的认知与战略回应非理性的认知与战略，是中国应对全球大变局的关键所在，也是最理性的选择，最符合本国利益和人类共同利益。基于此，中国在当前国际关系中的着力点是：

其一，坚定不移地推进全球化，积极引领全球治理与全球化再平衡。全球化是人类文明的大趋势，其动力源于科学技术的不断进步和生产要素的全球性流动组合，它们支撑并推动各个领域的全球性交往，导致相互依存的不断加强。相互依存已成为人类的内在生活方式。全球化的不当认知和政策，导致全球化进程中出现非人性化、贫富差距过大等现象，导致自我中心、霸权等错误认知，这些必须予以重视并着力解决。但非理性的逆全球化认知和对全球治理困境的夸大乃至失望，丝毫无助于当前问题的解决。中国在高举全球化和自由贸易旗帜的同时，要积极引领全球治理，着力解决全球化进程中经济、政治、文化的不平衡，努力实现全球化再平衡。

其二，系统、深入地诠释并努力实践人类命运共同体理念，自觉抵制国家主义、民粹主义。我们要高度警惕潜藏于心底的中国中心论，以人类命运共同体的理念逐步克服现实主义的束缚，增强国际关系中的世界主义色彩，从而弥补现有国际秩序的不足，推进其朝着更公正、合理的方向发展。

其三，深刻认识、理性对待中美关系的新变化，避免冷战思维，坚持协商对话，构建经济紧密联系、政治坦诚守信、权力与地位定位客观的双边关系。中美关系已很难回到过去 40 年的状态，竞争、对抗的因素与趋向明显，特别是政治、意识形态的相互不信任与摩擦会增强。这就要求我们更冷静、更理性地处理中美关系。不要轻言冷战，但也不能回避进入新冷战的可能。与美苏两极争霸时期的冷战不同的是，当今世界经济的相互依存已远非一国一个政治家所能改变，两个平行经济体系与市场不可能再现，这就决定了各国间特别是中美之间内在的联系。政治和意识形态的矛盾难以克服，但双方必须学会用文明的、对话的方式去协调，而不能付诸战争；中国一定要客观地评估自己的国力及其在国际社会中的地位与影响，淡化与美国的全球领导权的争夺。

其四，如何做到在全球大变局中能运筹帷幄，在非理性的国际关系乱象中能理性应对，在很大程度上取决于自身的定力、自身的智慧，尤其是自身的观念、价值、制度的吸引力，而这一切又都与能否深化改革开放和国家治理息息相关。我们必须认真总结改革开放 40 多年这一历史进程的成就与经验，反思不足，从而更坚定地高举改革开放的旗帜，推进改革开放的深入，推进国家治理的进程。唯有如此，才能遏制国家主义、民粹主义，才能继承改革开放的伟大成果，更理性地认知中国与世界之关系，警惕中国中心论，警惕反民主思潮，警惕强人政治，警惕"文化大革命"观念与制度的回潮，并扎扎实实地加强民主与法治建设，提升国人的全球意识，提升我国的社会活力，提升我们的制度和观念的吸引力。总之一句话，中国在国际上的更大作为，中国在全球化和全球治理中的更大贡献，归根结底依赖于我们改革开放的深度与国家治理的水平，依赖于我们在人类文明大道上前行的坚定信念与力度。

大变局中的中国与世界

在大变局时代，中国正在重新认识自己、重新认识世界、重新认识国际政治。在外交战略层次上，对外工作需要统筹国内国际两个大局，需要注重从国内形象和国际形象两个方面进行国家形象的双重再造，同时还需要加强战略缔造。面向未来，中国的国际战略思考要顺应当今世界权力政治的内在逻辑，体现中国作为世界大国的理性定位，彰显人类命运共同体的价值取向。

一、中国特色大国外交的思想体系[①]

对中国外交思想的发展和内涵的思考，主要集中在外交理念上。回顾中国外交 70 余年的历程，有聚焦、有创新，在思想理

---

① 本部分作者为秦亚青，外交学院教授。

论方面也同样如此，包括在每一个时期都有其非常明显的时代特点。党的十八大以来的中国外交更多表现出主动进取的意识和顶层设计的风格，大国外交的形态和内容开始显现并全面展开。比如，在理念上我们提出了新安全观与正确义利观，利益共同体、责任共同体与命运共同体，新型国际关系与新型大国关系等一系列重要思想，并相应提出了不同的政策、方针；在实践中提出并开始实施和推进"一带一路"倡议，发起建立了由金砖银行、亚洲基础设施投资银行等共同组成的多边金融机制，在世界范围内也构筑起了广泛的伙伴关系网络。

我们可以从国际秩序观、国际责任观和国家利益观三个方面思考中国特色大国外交思想体系的重要内容。

（一）国际秩序观

中国外交在70余年的不断发展中形成了一个重要思想，即中国特色国际秩序观，形成了以坚持《联合国宪章》基本准则为立足点，以维护国际秩序总体稳定和可持续发展为出发点，以基于规则的多边主义为全球治理的支撑点，以推动新型国际关系为着力点的中国特色国际秩序观。

中国国际秩序观的立足点是坚持《联合国宪章》的宗旨和原则。这包括以主权为国际秩序原则、以《联合国宪章》为国际秩序准则、以和平共处五项原则为国家间关系规范。二战后建立的联合国制度体系成为战后国际秩序的基石，这一体制对维护战后70多年的基本和平与稳定起到了重要作用，避免了世界再次出现重大的体系性战争。维护联合国体制以及《联合国宪章》的基本原则，符合世界大多数国家和人民的利益和诉求。虽然现在出现了国际行为体多元化和国际利益诉求多元化的现象，出现了对主权原则不同的质疑，但当今世界的基本秩序仍需增强联合国的权威，维护《联合国宪章》的精神，维护联合国体系确立的制度，这是中国国际秩序观非常重要的方面。

中国国际秩序观的出发点是维护国际秩序总体稳定和可持续发展。维护世界和平与稳定是大国的责任所在，也是世界经济、社会、文化发展的重要前提。世界各领域的秩序是由国际制度和国际规则维持的，中国积极参与现行国际体系和进程，已经加入了几乎所有的多边国际条约，并且认真履行这些条约的规定。目前中国已经成为世界第二大经济体，也正式开始实施大国外交，但是中国对国际制度的基本立场是不谋求推倒重来，不另起炉灶，主张对不合理、低效率的制度和机制进行合理改革和完善，强调合作和可持续的安全理念，构建包容性安全关系，重视构建新型大国关系，从而维护世界的整体稳定和可持续发展。

中国国际秩序观的支撑点是以基于规则的多边主义为全球治理的主要机制。习近平主席在多个场合强调中国坚决支持多边主义，坚决反对单边主义。在 70 多年的发展历程中，中国对多边主义的认识是逐步变化的，过去曾经表现出批判、怀疑的态度，现在则积极参与，坚定支持，适当引领。当前主要的全球治理机制呈现全球性、多边化趋势，取得了重大进展。但是可以清楚地看到，多边主义正遭遇重大挑战，尤其是目前美国在很多问题上采取单边主义行径，这样一个世界超强大国施行单边主义，采取"退群"等一系列与国际社会不合作、与国际制度不合作的行动，使得多边主义困难重重。在这种情况下，中国坚定不移地坚持多边主义，在全球层面对多边机制给予充分支持，在地区层面坚定支持以东盟为代表的多边主义，积极参与中国与东盟"10+1"合作、中日韩与东盟"10+3"合作以及中日韩合作等地区多边合作，同时还倡导建立上海合作组织、金砖国家合作机制等多边机制并推动其发展。中国已经成为多边治理体系的重要参与者、推动者和引领者。

中国国际秩序观的着力点是推动新型国际关系的构建，推动国际关系民主化进程。中国一再强调国际事务不能由少数国家说了算，需要世界各国和各种不同行为体的普遍参与和民主协商，国际规则也不能由少数几个国家代为制定，需要共同协商。尤其是在"一带一路"倡议中提出了共商共建共享的原则，这已经成为新型国际关系的重要思想，也成为新的全球治理观。新型国际关系提倡相互尊重、合作共赢，支持国际秩序的稳定和国际机制的运行，强调改变霸权和强权政治等不合理现象，重视国际法和国际规则的重要作用，主张不同文化和价值观念的多元融合、互学互鉴。

（二）国际责任观

中国的国际责任观以公平、平等、正义为基础，以维护发展中国家的利益为重点，以建立人类命运共同体为目标，以内外统筹、量力而行的方针为特色，目的是推动国际社会的和谐、发展和进步。

中国国际责任观以公平、平等、正义为国际社会发展的基础。维护世界和平繁荣和均衡发展，强调发达国家和发展中国家的相互依存以及对世界事务共同但有区别的责任。维护全球和地区稳定，增进人类共同利益，解决全球面临的共同难题，这已成为中国义不容辞的责任。中国更加积极地参与联合国维和行动，更加负责任地介入全球热点问题的谈判和解决，更加主动地提出中国理念、中国方案，重建和平、繁荣的世界梦也是中国梦的重要内容。

中国国际责任观的重点是高度关注发展中国家的正当利益和合理诉求。发展中国家面临诸多重大问题，在安全、发展、福利、环境等各方面都面临巨大挑战。针对这些基本情况，中国以正确义利观为指导，对周边国家提出"亲、诚、惠、容"的原则，大力支持欠发达国家的经济建设；在发展与非洲国家关系中提出"真、实、亲、诚"的原则，对非洲发展给予力所能及的帮助。中国倡导"一带一路"建设、设立丝路基金等金融支持机制，涉的国家大多是发展中国家，不少国家仍然处于贫困状态。在中国倡议和推动下成立的亚洲基础设施投资银行和金砖国家新开发银行及其运转，体现了中国对发展中国家基础设施建设和发展经济、稳定金融的特别关注。

中国国际责任观以建设人类命运共同体为目标。在全球治理面临严峻挑战、诸多全球性问题无法解决的情况下，中国以负责任大国的身份对重要的全球性问题提出中国方案，积极参与全球治理。一方面，中国支持维护全球和平、稳定的原则和制度体系，积极评价现有治理体系对和平与发展作出的重要贡献，同时本着权责相适应的原则力所能及地承担更多的国际责任；另一方面，中国在一些现有制度体系低效的领域发挥了主动倡导、积极参与的作用，提出合理的解决方案，以塑造支撑国际秩序的规则和规范。中国国际责任观的目标是在安全共同体、利益共同体、责任共同体的基础上建立人类命运共同体。

中国国际责任观以统筹内外、量力而行为方针。中国已是世界第二大经济体，但仍然是一个发展中国家，中国已承担了比以往任何时候都更多的责任。中国依照统筹内外的方针承担国际责任，切实保证中国不陷入战略透支的"肯尼迪陷阱"，也不会采取全球争霸的战略，从根本上摒弃强强必争、国强必霸的意识，使中国行稳致远、真正成为世界稳定的压舱石。

（三）系统的国家利益观

中国特色大国外交思想发展的第三个重要方面是提出了以捍卫主权、安全、发展三大国家核心利益为重心的三位一体的国家利益观。中国国家利益观的宗旨是维护国家核心利益，而维护国家利益是大国外交不可分割的组成部分。自2019年以来，中国外交更加明确地提出主权、安全、发展是中国的核心利益，明确了捍卫国家利益的坚定决心。自中共十八届三中全会以来，中国健全了公共安全体系，设立了国家安全委员会，制定了新的《国家安全法》，形成了以维护国家核心利益为重心的国家利益观。

中国国家利益观的根本点是维护基本政治制度和社会大局稳定。在中国核心利益的若干重要方面中，维护基本政治制度和社会大局稳定是根本前提，并明确指出中国特色社会主义最本质的特征是中国共产党的领导。中国的基本政治制度是中国国家利益的集中体现，中国的制度优势是中国道路和中国发展的基本保障，因此政治安全这一核心利益是其他利益的必要前提和根本保证，没有这个前提，其他利益也就无从谈起。中国国家利益观是以政治安全为前提的主权、安全、发展"三位一体"的形态，这三个方面不可分割、相互支撑、相互作用，共同构成了中国的国家利益观，充分体现了中国大国外交中国家利益内涵的鲜明特色。

二、对中国外交的战略思考：对外工作要统筹国内和国际两个大局①

在大变局时代，当我们讨论一个国家的对外战略时，外交思想显得非常重要。美国著名的地缘战略理论家布热津斯基于20世纪90年代初在《大失控与大混乱》一书中特别强调思想的重要性。他指出，动员一个国家采取政治行动进而塑造世界主要靠思想。这些思想可以是简单的，也可以是复杂的；可以是好的，也可以是坏的；可以是深刻理解得来的，也可以是本能地感觉到的；有时候被超凡魅力的人物表达出来，有时候只不过流行、盛

---

① 本部分作者为宋德星，国防科技大学国际关系学院教授。

行罢了。[①] 他特别强调,冷战结束后,我们正在迈入"全球政治觉醒的时代",在这样的时代中,政治思想特别重要。今天,中国进入了新时代,其中很重要的一点就是产生了新思想,即习近平新时代中国特色社会主义思想,其中包括习近平外交思想。实际上,党的十八大以来,中国外交领域出现了思想理念上的创新并实现了与时俱进,正如习近平总书记所说,要"着力打造融通中外的新概念新范畴新表述"[②]。

(一)为什么要在新时代强调新概念、新范畴、新表述

这主要是由于以下三大变化。

第一,当今中国再度重新认识自己。客观科学地认识中国自己是治国理政的第一个重要维度,甚至可以说是战略规划的重要起点。对此,中国共产党人始终予以高度重视。1963年9月,毛泽东主席在接见外宾时就强调指出,我们认识中国花了几十年的时间,中国不懂中国的情况,这怎么行?今天同样存在一个重新认识中国的问题。可以说,每一个历史阶段都有如何认识中国的问题。那么,党和国家是如何重新认识迈入21世纪第二个十年的中国的呢?用习近平总书记的话讲,就是三个"前所未

---

① 参见〔美〕兹比格涅夫·布热津斯基:《大失控与大混乱》,潘嘉玢、刘瑞祥译,中国社会科学出版社1995年版,序言,第2页。

② 《习近平谈治国理政》,外文出版社2014年版,第156页。

有"，即新时代的中国前所未有地靠近世界舞台中心，前所未有地接近实现中华民族伟大复兴的目标，前所未有地具备了实现这个目标的能力和信心。[①] 当然，新时代中国的这三个"前所未有"是基于历史传承的有序发展进步，即由"站起来"到"富起来"再到"强起来"是一个历史发展过程。因此，中国领导人特别强调，正确认识中国，不能脱离中国的历史，不能脱离中国的文化，不能脱离中国人的精神世界，不能脱离当代中国的深刻变革。正是基于历史发展的逻辑，当代中国开始对自身进行全新的身份认知和定位——"新时代"的中国。

第二，当今中国再度重新认识世界。如何客观科学地认识外在世界，是治国理政的第二个重要维度。在不同的历史阶段，我们对世界的认识也有很大的区别。党的十八大、十九大报告以及国家领导人在其他诸多重要场合发表的讲话中，均反映了新时代的中国对整个世界有了一整套新的认知，其核心是世界力量对比发生了深刻变化，国际体系、国际秩序出现了深度调整，结论是世界正处于大发展大变革大调整时期，世界面临的不稳定性、不确定性突出。当代中国对世界的这一全新认识，既是基于对大趋

---

① 参见习近平：《在庆祝中国共产党成立95周年大会上的讲话》；习近平：《2017年新年贺词》；习近平：《决胜全面建成小康社会 夺取新时代中国特色社会主义伟大胜利——在中国共产党第十九次全国代表大会上的报告》。

势的把握，也是基于对大问题的洞悉，更是对大战略的透视，这一认知和以往相比同样变化巨大，即强调了不确定性这一世界主基调。换言之，如果说新时代的中国对自身的认识体现出了历史发展逻辑、折射出的是战略自信的话，那么对世界的认识则体现出了历史变化的逻辑、折射出的则是战略忧虑。

第三，当今中国再度重新认识国际政治。关于国际政治，邓小平指出，和平与发展是时代主题，这个主题至今仍没有变。当然，无论是和平问题还是发展问题，一个都没有解决。基于这一主题，中国强调维护国际秩序的重要性，强调中国既是国际秩序的受益者，也是维护者，但这并不意味着中国不重视国际体系和国际秩序深度调整、变化的趋势。关于当前的国际政治，学术界很难找到一个具有高度共识性的概念来予以界定，习近平总书记提出的"百年未有之大变局"尽管不指涉时代主题变化，但却是党的十八大以来中国对当今时代国际政治的全新理解和认识。也就是说，我们正处在一个历史发展的大转折时期，一个国际政治演进的大变革时期。在这样的时期，要维护国家主权、安全和发展利益，促进世界和平与发展事业，很重要的一点就是要构建新型国际关系和新型大国关系，运筹好大国外交、周边外交、发展中国家外交和多边外交。

（二）国家形象的双重塑造

当今中国对自身、世界、国际政治的认识，具有鲜明的时代特征，由此催生了国家形象的双重塑造。习近平总书记在2018年6月的中央外事工作会议上强调，对外工作要坚持统筹国内国际两个大局。一般而言，外交工作主要是从外向维度来理解的，但当今的外交工作还必须基于内向维度来理解和把握，其中很重要的一点就包括对党的十九大精神的深刻领会。正是在这个意义上，对外工作要统筹国内和国际两个大局，必然催生出当今中国外交的双重形象重塑使命。

一是国内形象塑造。从外交棱镜看中国是全球化时代中国人民的必然反应之一。也就是说，人民心目中全新的国家形象塑造，一方面，基于经济、军事视角，如经济领域中国的GDP增长情况怎样，中国处于怎样的世界地位；军事领域有哪些先进武器装备，在全世界处于什么水平；等等。另一方面，基于外交视角，所谓新时代中国外交要反映中国特色、中国气派、中国风格，就是其题中应有之义。近年来，我们能够明显地感觉到中国外交的变化，不仅有外交理论和实践的创新，而且有战略谋划和全球布局上的大手笔。由此，一个全新的中国形象通过外交棱镜得以塑造。

二是国际形象塑造。当今中国在由大向强的发展过程中，外交面临的挑战和压力更为艰巨。这也是中国为什么反复强调，要掌握外交话语权，要重视软实力建设，包括构建融通中外的新概念、新表述。对于新时代的中国而言，国际形象塑造是中国外交的应有之义，特别是在美国把中国视为"战略竞争对手"、中美关系日趋紧张的情形下，这个任务更加艰巨。对外工作既能合作共赢和义利相兼，又能捍卫国家核心利益和重大利益，还能维护国际和平与正义，对中国国际形象的塑造可谓意义重大而深远。

无论是国内形象塑造还是国际形象塑造，其核心价值取向都是实现中华民族伟大复兴的中国梦。当然，国内形象塑造和国际形象塑造，就各自的功能、作用而言，其价值取向也有所区别。在国内形象塑造方面，外交的使命、任务是要通过维护国家利益为国内的经济社会发展创造和平、稳定的外部环境，并服务于实现强国目标，以此彰显新时代中国的外交新风貌；在国际形象塑造方面，中国作为非西方崛起大国，必然要参与国际权势斗争以维护自身的正当权益，同时中国作为发展中大国，必然要关切广大发展中国家的利益以维护国际公平正义。因此，这一过程既是现实主义的，又是理性主义的。这集中体现在构建人类命运共同体、构建新型国际关系中。

（三）加强战略缔造工作

上述认知的变化、使命任务的变化，必然要反映到战略缔造之中。就不同历史时期的战略指导和战略缔造而言，有两个群体的作用非常重要。第一个群体可称之为决策者群体。中国的国际战略特别是国际战略思想指导，从根本上讲是由国家提出，也就是决策者来缔造和实施的。第一代决策者群体即以毛泽东为代表的这一代中国共产党人，更多的是从战争与革命问题的角度来思考中国的国家大战略和外交战略，当时中国提出"一边倒""两个拳头打人""三个世界"等战略指导思想，并据此推行对外工作。第二代决策者群体即以邓小平为代表的这一代中国共产党人，主要是基于和平与发展这个时代主题来思考和提出中国的国际战略。改革开放后特别是在20世纪80年代初，中国提出实行独立自主的不结盟外交政策，强调外交为经济建设这个中心服务；到20世纪90年代初，中国强调韬光养晦、有所作为。不管国际风云如何变化，中国始终强调和平与发展是时代主题，始终强调中国要在维护和平、推动发展方面作出应有的贡献。如果说第一代决策者群体更多的是基于战争与革命来思考对外战略，第二代决策者群体更多的是基于和平与发展来思考对外战略，那么之后的中国领导人江泽民和胡锦涛在进行国际战略思考时，则把发展与稳定作为重要维度。在新时代，以习近平同志为核心的党中央在进行国际战略思考时，把发展与安全作为重要维度。据此，中国现在强调统筹做好发展与安全两件大事。通过历史比较可以发现，中国的对外战略始终同时追求几类价值，即追求安全、发展、和平、正义。不同时期侧重点可能有所不同，但整体意义上无不充分体现了中国作为社会主义国家的国际政治观，正如习近平总书记所言，始终把国家和民族发展放在自己力量的基点上，同时为国际社会作出自己应有的贡献。

第二个群体与上述决策者群体相对应，可称为学者群体，其核心成员包括从事国际问题研究的学者、相关研究机构和高校的研究人员。与决策者群体相比，他们不存在所谓的情境决策问题，没有决策者所面临的时间压力，但他们在决策咨询方面发挥着重要作用，而且对中国的国际战略和外交政策也发挥着独特的影响，当然更多是学理意义上的影响或者是间接决策意义上的影响。学者群体探讨的问题非常广泛，尽管每个人的学术背景、研究方向、关注的问题都不一样，但对以下几个问题的思考形成了普遍共识。一是对发展大势的研究和把握，特别是加深了对国际政治的世纪性规律、普遍性规律的认识，并据此来思考中国中长期意义上的国际立场、外交哲学和国家大战略。从国际政治的世纪性规律、国际政治宏观大理论思考作为非西方崛起大国的中国应有的国家大战略问题，既是学者群体的一大共识，又是一种学术自觉，其意义不言自明。二是从国际制度和战略认知出发来思考中国怎样去用好现有的国际制度，搭建好国际平台，运用好国际规则规范。这方面的学术研究很大程度上激发了学者群体对中国国际角色、国际责任、国际声望的学术争鸣。三是运用层次分析方法，从国际体系、国家和决策者三个层次，来研究中国的对外战略、国际关系和外交政策。这方面的研究成果十分丰硕，问题导向十分鲜明，政策启示意义也很明显。四是战略研究，即遵从战略缔造的内在逻辑和演进趋势，关注战略缔造与实施过程中目标与手段、关系与估算这类核心问题以及战略指导、战略筹划、战略评估这类具体功能领域，系统思考中国的战略问题和战略选择。

应当指出，决策者群体和学者群体，一方面因职责不同而导致政策思考上的明显区别，另一方面作为政治判断力的一种运用，他们各自的战略思考又有很大的互补性和启示作用。因此，可以说一项健全的战略有赖于政府的大视野和学术群体的政治自觉去洞察大趋势、预见可能性。在这方面，既要重视直接经验，又要注重间接经验的运用，而后者很大程度上有赖于学者群体发挥作用。

面向未来，中国的国际战略思考一要顺应当今世界权力政治的内在逻辑，二要体现中国作为世界大国的理性定位，三要符合战略缔造的基本逻辑，四要彰显人类命运共同体这类普世价值取向。无论是在政策意义上还是在学理上，以上四个方面均值得我们进一步深思和探究。

三、大变局中的中国经济和世界经济①

我们主要从中国经济的变化、对国际环境的判断、如何应对变化等方面分析有关问题。

(一) 中国新时代改革开放和经济条件的变化

就中国经济条件的变化过程而言,在中华人民共和国 71 年的发展历程中,1978 年以来的改革开放是一个非常重要的阶段。从扩大对外开放促进经济发展和体制变革的角度看,有三个方面需要特别关注。首先,过去 40 余年中国坚持了对外开放的基本国策。对外开放的内涵是什么?中国对外开放的经验证明,其内涵是引入外来竞争压力,并在这种竞争压力中培养主动应对竞争、积极赢得竞争胜利的强烈意识和能力。因此,没有引入外来竞争压力的开放是假开放。为什么要这样开放?因为中华民族历史上最深刻的经验教训就是"开放带来进步,封闭必然落后",只有坚持扩大对外开放,引入外来竞争压力才能激励体制创新和

---

① 本部分作者为张燕生,中国国防经济交流中心首席研究员。

制度变革，解放和发展社会生产力。同时，这也是参与国际较量和交锋的必要准备。其次，对外开放的本质就是变革，没有改革的开放就是假开放。现在中国提出要从商品和要素流动型开放转向规则制度型开放，过去 40 余年对外开放的重点是促进商品和要素流动的开放，未来则是规则、规制、管理和标准的现代化。因此，我们发展中国（上海）自由贸易试验区临港新片区、深圳中国特色社会主义先行示范区、海南中国特色自由贸易港、雄安新区等，其重点是促进规则、规制、管理和标准与国际高标准规则衔接，实现规则、规制、管理和标准的现代化。再次，对外开放的动力从来都是危机、压力和挑战。因此，没有压力的开放就是假开放。正因为如此，我们才讲不要浪费世界大变局带来的中华民族伟大复兴的历史性机遇，不要浪费中美两个大国战略博弈带来的中国规则、规制、管理和标准现代化的历史性机遇，对中国来说，这个博弈的过程比结果更重要。

那么，在对外开放中值得重视的问题又是什么呢？在过去 40 余年中，有三个问题值得总结和引起重视。一是在推动对外开放尤其是规则等制度型开放与国际高标准规则相衔接的同时，如何保持好"中国特色"的问题。我们前进的每一步都存在一个持续的主线，过去、现在、未来，始终都以"中国特色"为主线。当前，国际上开始拿中国特色做文章，称中国特色就是不按国际规则办事，中国要另搞一套、另起炉灶等。因此，对外要准确传播中国意图，如党的十九大报告提出的，中国要维护和平的国际环境和稳定的国际秩序。但是美国则用"美国优先"、"公平贸易"、"对等开放"、保护主义来改变现有国际规则和秩序。二是在开放引入外来竞争压力、引进先进技术设备和人才的同时，如何保持自主可控。自主可控可分成三类。第一类是强自主可控，即无论是技术、设备还是创新生态，都是自主可控的。当中美在特定领域处于全面激烈竞争时，任何"断供"、撤资、限制人员往来、技术封锁和科技脱钩的威胁都不会影响中国高技术产业的发展与国际合作，今后面临的挑战是如何与国际接轨。这就是强自主可控，而强自主可控的部分必须是安全的。第二类自主可控是中自主可控，即中国的技术、设备、人才建立在国际开源的平台和系统上。这在多数情况下没有问题，但是在大国政治经济冲突加剧的情况下则有可能产生问题，例如，美国把200多家中国高技术企业列入实体清单，其长臂管辖的做法也使相关企业面临巨大风险。目前华为的自主可控基本属于这一类，即有自己的技术、产品、研发能力，但是建立在他人的生态系统之上，这种情况使其他国家很容易置中国企业于困境，就像现在谷歌对华为"断供"那样。第三类是弱自主可控。即技术、产品、设备是基于别人技术的授权，这种情况最典型的案例，就是

2019 年日本对韩国三种半导体材料"断供"，这会使韩国企业和经济受到严重影响。三是在对外开放中如何保持安全和防范其他系统性风险。最重要的是在金融、能源、粮食、科技、信息、生物等各方面，如何确保国家经济安全。对此，我们都不能抱有丝毫幻想，外向型企业也应该有应对最坏情况的充分准备，要研究外部世界可能对我产生的影响，并要有必要的对策。

（二）国际环境

辩证地看待当前国际环境，首先，从经济层面看，世界经济面临巨大的不稳定、不确定性风险。2018 年 7 月，国际货币基金组织（IMF）预测 2019 年的世界经济增长率是 3.9%，而 2019 年 10 月，IMF 对当年世界经济增长率的预测下调到了 3%。3.9% 的增长率不仅高于 2018 年的 3.6%，而且高于 1990—2007 年世界经济年均增长率 3.74% 的水平，这是一个非常乐观的结果，但是 3% 的增长率则是自 2008 年国际金融危机以来最低的水平。因此，从当前国际环境来看，最权威的国际组织对当今世界经济前景的判断从非常乐观的预测下调到最悲观的预测，原因很简单，那就是中美两个大国之间发生了经贸摩擦，而且延伸到科技、规则等领域。在 2009—2018 年间，美国对世界经济增长的贡献率是 24.8%，中国则是 34%，两者合计接近 60%。中国是世界上 120 多个国家的第一大贸易伙伴，美国与 102 个国家有贸易逆差。两个最重要国家之间发生贸易摩擦，遭受损失最大的是整个世界经济。因此，当今世界最大的问题是不确定性和普遍焦虑，大家不知道世界会向何处去。

对于百年未有之大变局，其中一个重要方面是中华民族的伟大复兴改变了世界格局。回顾一百多年前发生过什么，从1870—1913年的经济全球化和第二次工业革命中，我们可以看到当时的新兴经济体美国和德国由弱到强，当时的霸权国英国和法国由盛转衰，实力对比变化引发了矛盾和冲突。20世纪30年代，美国挑起贸易战导致全球贸易萎缩了66%，美国经济"大萧条"导致世界债务链中断、德国经济崩溃等。因此，我们需要思考现在会不会发生20世纪二三十年代曾经发生过的情况，如果发生类似情况，对中国的发展可能会产生怎样的风险和冲击。

在G20大阪峰会上，习近平主席强调，要避免因一时短视而犯下不可挽回的历史性错误，避免落入冲突对抗的陷阱。对于重要战略机遇期，我们也同样要重新认识。党的十六大以来，中国发展处于重要战略机遇期。在历史上，一方面，兴盛期和开放期往往是重合的，把握开放期的机遇就能驶入兴盛期的快车道；另一方面，历史上风险期也往往与开放期相重合，全球化已经进入"下半场"，中国面临的系统性风险确实正在显著上升。中国的发展仍处于并将长期处于重要的战略机遇期，同时，在风险期则需要研究如何把握战略机遇期。其新内涵包括两个方面：一是大变局中危和机同时并存，二是要善于化危为机、转危为安。当前国际环境对中国来说是必须要面对的，美国人说中国是一头大象，不能再躲在蚂蚁的背后。中美博弈可能是中华民族复兴必须面对的一场大考。所以从多轮贸易磋商的进程也可看出，为使美国与中国真正从非理性对抗到理性合作，中国需要做好长期的准备，以应对各种最困难的复杂局面。

（三）积极应对国际环境变化

回顾历史，事实上就是三个变化。第一个变化是全球化倒退和保护主义泛起，国际环境正在发生重大转变。第二个变化是大国关系。一百多年前美国和德国经济快速崛起与英国和法国经济的衰落，导致大国关系和国际格局发生了一次大的变化，最终爆发了两次世界大战。现在面临相似的场景，中国和美国两个大国之间，即新兴大国和守成大国面临同样的较量。第三个变化是新科技革命和产业革命。一百多年前发生的第二次工业革命，改变了国际政治、经济、军事格局，1870—1913 年，英、法、美、德四个国家的综合实力对比发生变化就说明了这个问题。本轮新科技革命和产业革命将颠覆全球产业链、供应链、价值链基本格局，所以从这个角度看，这三个变化都会影响中华民族的复兴之路。中国怎样面对？在冲突和对抗的风险中如何实现复兴？在大国博弈中如何实现复兴？对于这些问题，我们必须要拿出有效的应对之策。

关于当下的中国经济，其前景是推动新旧动能转换、新旧结构转换、新旧模式转换。比如，2018 年广东的研发强度、GDP 增长率、地方财政收入增长率、规模以上工业企业利润以及研发投入经费规模等，均超过江苏。虽然在 2018 年广东的人均 GDP 是 8.64 万元，江苏是 11.52 万元，江苏发展经济的基础和实力好于广东，但是，如果继续用旧的动能、旧的结构、旧的模式推动发展，就会遇到增长的极限，就会出现发展后劲不足的问题。今后，中国能不能坚持新发展理念，把创新发展转变为第一动力，形成新的动能、新的结构和新的模式，这决定着中国未来在世界中的位置。

四、谋划应对下一阶段中美贸易摩擦[①]

中美贸易摩擦的本质是在美国霸权衰落的历史过程中，美国

---

① 本部分作者为张晓通，武汉大学政治与公共管理学院教授，武汉大学经济外交研究中心研究员。

为维持其全球经济首要地位而发起的调整国际经贸利益格局，包括中美利益格局在内的外交霸凌行为。虽然中美达成了第一阶段贸易协议，但这个协议达成之后会发生什么，中国该如何应对，需要我们有预判、有预案。

（一）美国的动机和霸权走势

第一，美国挑起贸易摩擦的动机。我们不仅要看到美国针对中国的贸易霸凌行为，也要看到美国在向全球"开火"，目标远非中国一家。特朗普将北美自贸区协定视为"不公平的贸易协定"，要求重新谈判。特朗普上任后第一天就宣布退出TPP，称这份协定将给美国带来灾难。同样，他不再与欧盟谈判《跨大西洋贸易与投资伙伴协定》（TTIP），他还以"印度没有向美国提供对等与合理的市场准入"为由取消了美国给予印度的普惠制待遇。此外，美国还取消了北约盟友土耳其的普惠制待遇。特朗普还威胁要退出WTO，宣称美国遭到了"不公平对待"，称如果WTO不加以改进，美国就要撤出。由此可见，美国是对现行国际贸易秩序全面不满，因此要求全面调整国际贸易利益格局。

第二，美国霸权还能维系多久？在美国霸权兴衰的历史过程中，其贸易政策是如何调整的？从1780年以来的资本主义世界经济发展来看，大英帝国的霸权经历了三个康德拉季耶夫长周期（Kondratiev Waves），即第Ⅰ（1780/90—1848/52年）、第Ⅱ（1848/52—1893/96

年)和第Ⅲ长周期（1893/96—1940/45 年）。美国的霸权到底有多长，会经历几个康氏长周期，还有待观察。但自 19 世纪 90 年代美国成长为世界第一大经济体以来，它的霸权已经经历了两个康氏长周期，现在处于第三个长周期（即康氏第 V 长周期）的 B 阶段（2005/08—2025/30 年），这是一个经济萧条阶段。

	Ⅰ		Ⅱ		Ⅲ		Ⅳ		V		Ⅵ	
	A	B	A	B	A	B	A	B	A	B	A	B

先进地区 英国

重组：扩散到相邻大陆

先进地区 英国为世界工厂

重组：美国和德国的崛起

爱德华王朝时期的发展

大萧条时期的发展停滞

战后

20世纪70年代美国经济滞胀

互联网 生物技术

"大萧条"？

第四次工业革命？

第一次工业革命时期的发展

"19世纪40年代饥荒"期间的发展停滞

维多利亚中兴时期的发展

维多利亚萧条期的发展停滞

蒸汽船

航空

电子

新自由主义

经济民族主义

人工智能 3D打印 绿色科技？

纺织业 蒸汽动力

铁路 钢铁

煤气、电力

自由制度主义

先进地区 美国

先进地区 德国

重组：发达国家内部

先进地区 美国

重组：日本和西德的崛起

先进地区 美国

先进地区 欧盟

重组：中国和印度的崛起

先进地区 中国？美国？欧洲？

欧洲的衰落？反全球化、民粹主义

1780/90　1820/25　1848/52　1870/75　1893/96　1914/20　1940/45　1967/71　1986/91　2005/08　2025/30　2050/55　2070/80

图 1　康德拉季耶夫长周期与霸权周期演变（1780—2080 年）

资料来源：笔者在 Colin Flint and Peter Taylor, Political Geography：World-Economy, Nation-State and Locality, 7th Edition, New York：Routledge, 2018 一书相关图表的基础上进行了改造。

美国崛起于 19 世纪末，即康德拉季耶夫第 Ⅲ 长周期（1893/96—1940/45 年）的开始。在这一长周期完成时，美国获得了世界霸权地位，经济总量达到了世界的一半。在康氏第 Ⅳ 长周期的 A 阶段（经济增长阶段，1940/45—1967/71 年），美国通过建立联合国以取代旧式殖民帝国来维持世界和平，通过建立布雷顿森林体系和关贸总协定（GATT）来实现全球范围的金融稳定和自由贸易；在对外援助方面，推出了"马歇尔计划"，重振欧洲经济，并扩大了美国的出口。美国霸权从 20 世纪 60 年代进入康氏第 IV 长周期的 B 阶段（1967/71—1986/91 年），美国开始衰落。20 世纪 60 年代末 70 年代初，布雷顿森林体系崩溃，美国的自由贸易政策开始"打折扣"，美国在中美贸易摩擦中动用的"301 条款"就是源于这个时期美国通过的《1962 年贸易扩展法》（Trade Expansion Act of 1962）和《1974 年贸易法》（Trade Act of 1974）。而与此同时，受越南战争和全球石油危机的拖累，美国经济实力受损，受到日本和西欧的经济挑战。在这个康氏第 IV 长周期的 B 阶段，即美国霸权的第二个长周期的 B 阶段，我们见证了美国与日本、西欧之间大规模的贸易战。需要指出的是，其时美国并没有完全放弃自由贸易秩序，而是实施有管理的自由贸易，或者说有较大开放度的保护主义，这主要是因为美国霸权还远未完全衰落，其依然有能力维系自由国际贸易秩序，与此同时，在美国的压力下，日本、西欧国家作为美国的盟友大幅开放了自身市场。①

　　20 世纪 80 年代末 90 年代初，世界经济进入第 V 长周期的

---

① Authur Stein, "The Hegemon's dilemma: Great Britain, the United States, and the International Economic Order," *International Organization*, Vol. 38, no. 2, spring 1984, p. 382.

A阶段（1986/91—2005/08年）。随着国际格局的骤变，得益于"里根经济学"和克林顿政府时期的"互联网经济"等，美国成为全球唯一的超级大国。在这个阶段，美国又开始实施自由贸易，其典型代表是北美自贸区和APEC的建立，美国从里根政府起开始实施新自由主义。在这个A阶段，美国开始接纳中国加入世界经济体系，中国在1986年提出的"复关"和1995年后的"入世"，都获得了美国的支持。但是，克林顿政府时期的自由贸易是一种有管理、有保护的自由贸易，或者说是有开放度的保护主义，与二战后美国建立的多边自由贸易秩序有很大区别，只是比20世纪70年代更加开放一些。虽然美国在冷战中胜出，但此时美国霸权的实力已远不及二战后初期的美国。

美国的霸权在经历了两个康德拉季耶夫长周期（第Ⅲ和Ⅳ长周期）之后，从第Ⅴ长周期的B阶段（2005/08—2025/30年）开始进一步衰落，即美国霸权进入第三个长周期的B阶段，尤其是2008年国际金融危机后，美国国内矛盾进一步加剧，贫富差距加大，中产阶级收入长期得不到提高，出现了"占领华尔街"运动，最终特朗普执政，开始实施"美国优先"和经济民族主义。国际社会也目睹了全球范围的逆全球化、民粹主义势力上升以及以"英国脱欧"为代表的区域一体化受挫。在此背景下，自由国际贸易秩序继20世纪六七十年代后继续面临压力，中美贸易摩擦在此背景下发生了。

由此可见，中美贸易摩擦是世界经济长周期和美国霸权周期复合作用的结果。由于长周期的 B 阶段是一个持续 20—30 年的过程，所以中美贸易摩擦很可能是一个持久的过程。贸易摩擦将呈现"打打停停"的特点，这将给中美以及世界经济带来很大的不确定性。

第三，中国应如何应对。一般而言，一个霸权在经历三个长周期后都会"精疲力尽"，尽显颓势。美国霸权已经经历了两个长周期，目前正处于第三个长周期的 B 阶段。但笔者判断美国霸权的彻底衰落将不在这个长周期，而是在下一个长周期，即 2025/30—2070/80 年。尤其是在下一个长周期的 B 阶段，即 2050/55—2070/80 年。这主要基于三方面原因：一是核武器的出现；二是国际制度的大量建立和顽强的生命力；三是中国对现行国际秩序的支持，尤其是中国成为世界第一大出口国，这客观上要求中国维持自由贸易秩序。有鉴于此，美国霸权完全衰落、彻底放弃世界经济的领导权可能要等到下一个周期的 B 阶段 2050—2080 年，即中国实现第二个百年奋斗目标之后。所以，当前中美贸易摩擦最大的风险不是"修昔底德陷阱"，而是潜在的"金德尔伯格陷阱"，即在美国逐步放弃自由国际贸易秩序的领导权，不愿意承担领导世界经济秩序的经济和政治成本之后，世界经济陷入"群龙无首"的状态。其潜在的表现包括多个贸易集团的出现，各自为政、各自为战，地缘经济的竞争最后外溢到地缘政治中导致冲突。在这些贸易集团中，很可能出现美国领导的跨大西洋贸易集团、环太平洋贸易集团，而将中国排除在外，即：在美国霸权衰落的压力下，美国可能打造一个贸易领域的"志同道合者联盟"，将中国排除在"联盟"之外，届时经济领域的平行竞争就可能出现。因此，中国现在不是要取代美国成为新的霸权，或者成为新的世界经济首要国家，而是要和美国以及其他国家一起维系现行的自由贸易秩序。这也意味着，中国不希望看到美国霸权的迅速衰落。美国霸权的衰落是一个缓慢的、渐进的、历史的过程，我们希望这个过程尽量平缓、安全。

（二）中国的应对

未来，中国对美国的经贸战略可以分为两步走。

第一，预防"金德尔伯格陷阱"。其实施期是在当前康氏第 V 长周期的 B 阶段，即 2005/08—2025/30 年。这个阶段美国的霸权会继续缓慢衰落，其维持国际秩序的能力与意愿都大幅下降，但这个阶段还不是美国霸权彻底衰落的阶段，因此也不是中国全面赶超美国的阶段。美国霸权的衰落将是一个渐进的历史过程，而且放弃自由国际贸易秩序的领导权也是一个渐进的过程。即使是特朗普政府时期，也不能断然认为美国就放弃了自由国际贸易秩序的领导权。中国在第一步战略实施过程中，要进一步改革开放，坚持与美国进行经贸谈判，让动荡中的国际经贸秩序稳定在一个新的均衡点上。尤其要注意的是，中美经贸谈判不单事关中美两国，而且关乎整个自由贸易秩序。事实上，中国是通过自身的进一步开放，来换取美国继续留在这个多边贸易体系内。此外，中美贸易摩擦也不应完全是中国一家与美国的"单打独斗"，需要世界上所有支持自由贸易和多边主义的国家和地区的支持。下一阶段中国应继续维护以 WTO 体制为核心的多边贸易体系，与欧盟、美国共同推进 WTO 改革，在条件成熟时推动新一轮多边贸易谈判。在区域层面，中国应推进区域经济一体化，与包括欧盟、东盟、非盟、欧亚经济联盟等在内的区域组织签订自贸区协定和互联互通协定。在双边层面，推进与包括美国、加拿大在内的双边自贸区协定谈判。在知识产权、补贴、政府采购等发达国家重点关切的领域，考虑到 2025/30 年后，我们将迎来一个新的经济增长的 A 阶段，中国需要与西方形成创新同盟，共同迎接下一次工业革命。这就意味着中国在某些领域的短期让利，可以换取中长期更大规模的战略收益。

在第一期战略实施过程中，尤其要注意中心—边缘地带易位带来的潜在风险。从空间来看，在美国霸权衰落过程中会出现一些权力真空地带，这意味着处于半边缘与边缘地带国家的潜在内乱和区域层面的地缘政治动荡。历史上，在英国霸权衰落的 B

阶段（1914/20—1940/45 年）以及二战后欧洲殖民帝国崩溃后，边缘地带爆发了反帝和反殖民斗争，民族独立运动形成高潮。因此，在世界经济长周期内，还需要有地缘经济战略。就中国而言，当前不应挑战美国霸权，而宜"广交友"，帮助边缘、半边缘地带的国家发展经济、改善民生。中国推进"一带一路"建设就是这一努力的重要组成部分。换言之，在 2005/08—2025/30 年这一世界经济长周期发展的 B 阶段和美国霸权渐进衰落的历史过程中，中国在对美竞争中取守势的同时，对世界经济的边缘与半边缘地带要有所作为。

第二，在 2025/30—2050/55 年，即下一个世界经济长周期的 A 阶段，中国要同时应对"修昔底德陷阱"和"金德尔伯格陷阱"带来的巨大风险。康德拉季耶夫认为，冲突主要爆发在 A 阶段。一战的爆发就是 A 阶段资本主义工业化大国之间竞争的结果。在这一阶段，中美很可能爆发政治和军事冲突，引发多轮、持续、高强度危机。

2025/30—2050/55 年，中国同时还要预防美国"离席""掀桌子"，导致自由贸易秩序的突然崩塌，要提前做好接过自由国际贸易秩序领导权的准备，克服"金德尔伯格陷阱"。历史地看，霸权国放弃国际贸易秩序的领导权、崛起国接过接力棒是发生在 B 阶段，而且通常是在战争之后，如二战使美国接过了英国霸权的接力棒。

从世界经济长周期的演进来看，过渡期是关键历史节点。所谓过渡期是指 A 阶段与 B 阶段的过渡期以及两个长周期之间的交替期。例如 1940/45 年（二战）、1986/91 年（冷战结束）、2001/08 年（"9·11"恐怖袭击事件和美国次贷危机），未来则是 2025/30 年、2050/55 年。这些过渡期极易发生战争、地缘政治冲突等。中国尤其需要注意和控制国际事态的急剧变化。

五、大变局与中国应对的战略思考[①]

特朗普执政不到三年时间，美国变了，世界变了，中国和美国的关系也变了。为什么美国变了、世界也变了？因为美国还是国际权力结构中唯一的超级大国、当今国际体系中唯一的主导性大国。特朗普执政后美国的内政和外交发生了重大变化，这种变化的核心是美国传统的自由国际主义已经让位于特朗普的白人民粹主义。突出表现在"美国优先"、"让美国再次伟大"、美国内

---

① 本部分作者为朱锋，南方大学国际关系研究院院长、南京大学南海研究协同创新中心执行主任，教授。

视、美国从全球事务退缩等诸多方面。国际秩序在二战后赖以生存的基础——自由国际主义,或许已经消亡。美国作为超级大国在二战以后推行的国际战略的核心要素是"自由国际主义",其基础是美国超前的全球存在的军事力量、美元霸权、价值观及意识形态输出和美国承担强制性干预义务来形成"美国治理下的稳定",即国际关系理论通常所说的"霸权稳定"。特朗普的白人民粹主义的外交政策基本背离了美国传统的"自由国际主义",开始转向一切以美国国内利益为首要目标选择的"美国优先主义"。

(一)特朗普的"美国优先主义"开始显现三个重要特点

首先,美国对世界事务所承担的义务和责任完全走向选择性。例如,特朗普执政之后美国频繁"退群",从叙利亚撤军和支持土耳其对叙利亚库尔德人进行军事打击。其次,美国奉行"非自由主义"的国际观,这使得原来由美国主导和推动建立的一整套国际制度和规则正面临前所未有的冲击。例如,对于气候变化方面的《巴黎协定》,特朗普甚至声称全球气候变暖是伪命题;国际军控和裁军体制也正在遭遇坍塌的危险。在美国国内,特朗普誓言在总统任期内要使妇女堕胎变成法律严厉禁止的罪行,目前,美国有包括亚拉巴马州在内的三个州议会已经通过了禁止妇女堕胎的法案。美国曾经是世界上进步和开放的重要力量，妇女堕胎不仅是妇女解放运动的产物，更重要的是妇女权利保障和追求幸福的结果。一旦美国通过法律严禁妇女堕胎，将意味着人类历史的重大倒退。再次，美国的对外政策正在重回单边主义和保护主义的行为模式。特朗普政府 2018 年 3 月对中国挑起的持续的贸易摩擦就是例证。

从目前的各种态势来看，不论 2020 年美国选举的结果如何、特朗普是否会连任，美国目前的外交政策模式还将延续，自由主义的国际秩序已经基本崩溃，国际权力结构的失衡正在给世界的稳定和繁荣造成空前的打击。

（二）中国的应对之策

面对因美国的霸权式傲慢和自私而造成的国际失序，中国应该怎么办？面对百年未有之大变局中深刻和严峻的国际局势变化，中国应如何作为？中国对自己的内外政策应如何选择？这些已远远超过了中国国内发展与安全的意涵，而将对未来国际秩序的演进产生深刻的体系性影响和作用。

第一，中国需要重视过去。400 年世界历史中塑造和改变大国力量对比及国际格局发生历史性变化的工业化和科技创新因素，努力让中国的尖端制造业和科技创新迈上历史新高度。从 18 世纪人类开启首次工业革命以来，推动国家间力量对比变化的最重要因素始终是工业化进程。进入当代以来，推动工业化进程的最重要动力始终是制造业的发展和科技创新。中国当前正进入大国崛起进程的关键时期，改革开放 41 年来，中国开始了历史上前所未有的工业化进程，但目前中国依然处在制造业和科技创新的中低端，只有很有限的部分产业或产业链的局部开始进入高端。美国挑起贸易摩擦乃至科技对立来全面打压中国，甚至宣称"脱钩"，就是试图使中国的制造业和科技创新始终处于产业链中低端，以此来延缓中国在国家能力上对美国的追赶步伐。中国需要全力以赴，保持大国崛起的战略态势，让中国的制造业和科技创新稳步地从中低端迈向中高端。这是中国在大变局的历史过程中，有效延续大国崛起历史进程的关键要素。谁能占据世界尖端制造业和科技创新的制高点，谁就能在大变局中真正把握国家间实力竞争的钥匙。为此，中国应紧紧抓住稳经济、促增长的大局，坚持融入世界、提升生产力。将中国的制造业水平和科技创新能力从中低端持续地推进到中高端，这是中国当前推进大国崛起尚未实现的目标，也是今后中国在此进程中需要全面完成的任务。

第二，从大变局的历史发展进程来看，科技创新和工业化进程的升级需要国内治理机制的有效升级。过去 70 余年驱动中国力量发展的动力是什么？中华人民共和国成立后特别是改革开放的 40 多年中，中国成为世界上进步最快、发展成效最显著的工业化大国，其中重要原因就是"解放思想、实事求是"以及"坚持以经济建设为中心"不动摇。科学、技术、教育和经济管理体制机制的创新和现代化驱动工业化及科技创新，工业化竞争的本质是一个国家的经济社会和教育体制的转型过程。英美在这方面的历史经验都值得我们吸取。一流的国内创新体制机制，才能带来一流的制造业和科技创新。党的十九届四中全会提出了国家治理体系和治理能力现代化的思想和措施，对今天在日趋激烈的国际竞争中的中国继续把握正确的发展航向，提供了有力的理论和政策保障。

第三，要有合理、有效、可持续的战略选择。在大变局中，一方面，中国需要继续保持科技创新和工业化向中高端挺进的进程；另一方面，中国还要加速体制转型。这是历史给我们的启示，也是决定大国崛起成败的关键。在特定的冲突和压力背景下，如何配置国家的力量要素，如何来定位自己的全球角色，如何更多以兼容和互鉴的模式继续高效推进中国全面融入和影响世界的过程，对于这些问题，当下的中国需要格外清晰、务实和长效的大战略。

在"百年未有之大变局"的战略论断中，"百年"是一个基本的时间轴，也常常是重要的时间周期。这个百年周期和中国"两个一百年"的中华民族"复兴梦"恰好高度重叠。为了及时和有效地应对大变局，中国需要从中华民族百年巨变的历史和思想历程中总结和吸取经验教训，以创新的精神全面推动大变局和中国外交理论与实践创新的新历程。

中国外交在过去 70 余年中从理论到实践都取得了巨大进步，但是中国依然还是一个"成长中的中国""转型中的中国""继续崛起中的中国"。过去 71 年，我们经历了两个不同的历史时期：1949—1978 年的中国是"革命主义的中国"，1979—2019 年的中国是"发展主义的中国"。从今以后，我们需要迎接一个"创新主义的中国"，无论是在内政还是在外交方面，开始强大的中国面临的国内和国际挑战都将更加严峻，面临的将改革进行到底的历史考验也将更为艰巨，尤其是大国间利益竞争正变得更为严峻和复杂。中国发展到今天，大国崛起不仅是荣誉，更是风险。为此，中国发展面临的环境、任务和需要解决的问题的复杂程度都已发生了历史性变化。未来中国的崛起道路可能更加坎坷，政府和社会需具备的眼光、智慧和勇气却不能有丝毫松懈。每个时代都有自身的任务，更需要有时代责任、作为和担当。从 1978 年底十一届三中全会启动改革开放进程开始，解放思想、实事求是，不仅涉及中国国内的治理机制结构的根本变革，而且最重要的是改变了对中国和世界关系的基本思维方式，邓小平强调，改革开放和打开国门有利于中国发展，所以中国开始"富

起来"；今天，我们正在进入"强起来"的新时代，加强创新和
发展之间的联系，这在过去 70 余年中，从来没有像今天这么
紧迫。

六、网络安全对国际体系的影响①

网络安全问题是国际关系领域出现的一个新议题，它改变
了国家的行为模式，冲击了现有的国际体系，深刻地影响了国
际格局的变化。但是它的作用在现有的国际关系理论框架中未
能得到充分体现，对政策产生的实际影响也存在被忽视的
情况。

（一）网络空间改变了国家的行为模式

网络安全对国家的影响越来越大，特朗普政府在其《国家
安全战略报告》中指出，网络安全作为国家安全的核心组成部
分，是事关整体成败的全局性要素。网络安全与政治安全、经济
安全、文化安全、社会安全、军事安全等领域相互交融、相互影

---

① 本部分作者为鲁传颖，上海国际问题研究院网络空间国际治理研究中心
秘书长。

响，在识别各个领域所面临的安全风险时，网络安全都是关键因素。① 这种新的变化正在改变国家在网络空间中的行为模式。

第一，网络空间的不安全困境（insecuritydilemma）导致国家的网络安全政策更具进攻性。网络自身的不安全与互联网最初的设计架构将效率置于安全之上有关，现在的安全手段也仅能起到一定的弥补作用，难以从根本上解决安全问题。此外，网络安全是动态的，矛和盾的较量一直存在，国家无法永远掌握优势。习近平主席在网信工作座谈会上指出，"谁进来了不知道、是敌是友不知道、干了什么不知道"②。不仅是中国，其他网络发达国家也面临着网络安全风险评估和识别的困境。最后，不安全困境容易引起国家在网络安全领域的过度竞赛，为了维护网络安全，各国政府不得不加大对进攻性网络力量的投入，从而引发网络领域的军备竞赛。

第二，网络信息传播模式导致国家在网络空间中的政治安全难以得到保障。黑客干预大选和剑桥分析事件揭示了一个新的趋势，选举作为"民主国家"的"核心"政治活动，也越来越多

① White House, National Security Strategy of The United States of America, December 17, 2017, https://www.whitehouse.gov/articles/new-national-security-strategy-new-era.

② 习近平：《在网络安全和信息化工作座谈会上的讲话》，人民出版社2016年版，第17页。

地受到网络安全的影响。这既包括外部黑客干预，也包括内部不同政党通过人工智能、假新闻来操纵选举。现有的国际政治体系以及国内的法律体系还无法对此做出足够的回应，这种趋势的加剧不仅使国内政治极端化，也会影响国家之间的关系。

第三，网信技术、产品、服务的"国家化"趋势进一步加剧。网络安全是极为重要和特殊的领域，网络安全与信息化是一体两翼，难以区分。网信还是一个军民两用的产业，并且民用在很大程度上走在了军用之前，所以网信领域的军民融合，并不是传统意义上高端军事科技的民用，而是先进民用网络技术服务于军事目的。美国军方与谷歌、亚马逊等合作，使人工智能武器、云计算服务于美军的指挥系统和后勤服务已成为大趋势。这导致国家间竞争延伸到了商业和科技领域，进而对网信领域基于全球化发展而来的供应链、科研、产品体系产生重大冲击。

（二）网络安全问题冲击现有国际体系

现有国际体系无论是安全架构、政治架构，还是贸易体系，都是基于物理空间的属性而建立，无法有效应对虚拟空间中网络安全所带来的挑战。

第一，网络攻击导致国际安全架构失灵。网络空间的匿名、跨国界，导致网络攻击很难被溯源和归因。国际上爆发的网络攻击案例已经有很多，如"震网"、"索尼影业"、"白宫人事局"

（Officeof Personnel Management，OPM）、"想哭"（wanna cry）、
"黑客干预大选"这些重要网络事件。但是没有一个案件的攻击
者身份被完全公开揭露，很大程度上都是单方面认定攻击者，这
既包括美国对朝鲜、中国、俄罗斯的指责，也包括俄罗斯等指责
美国的情况。联合国、国际法等现有的国际安全架构无法介入上
述事件，并给出合法、权威的结论。各种情况加剧了网络安全的
乱象，客观上在鼓励网络攻击行为。

第二，国际政治体系难以促进国家间互信。国家在网络空间
普遍缺乏信任，各国都以自身利益而非集体利益作为政策出发
点，导致相应的国际法和集体安全机制难以建立。另外，即使建
立了所谓的政治共识，也很难相信其他国家会遵守协定，网络匿
名性增加了遵约核查的难度。联合国在网络安全上发挥的作用十
分有限，更不要提其他的国际非政府组织以及区域性组织在促进
网络空间信任措施方面的作用。

（三）数字经济正不断颠覆国际经济规则体系

据统计，2017 年 G20 国家数字经济总量已经达到 26.17 万
亿美元，德国、英国、美国的数字经济占 GDP 的比重已经超过
60%，中国、墨西哥等国家也已经超过了 30%。[①] 全球服务贸易

---

① 中国信通院：《G20 国家数字经济发展研究报告》，2018 年 12 月，
http：//www.caict.ac.cn/kxyj/qwfb/bps/201812/p020181219311367546218.pdf。

中一半以上已经实现数字化，超过 12% 的跨境实物贸易通过数字化平台实现。在这一大趋势下，建立新的数字经济国际规则体系却尚未列入议事日程。今后，国际经济的规则体系将会面临越来越大的冲击。首先，各国普遍加大了对数字主权的维护，越来越多的国家在采取数据本地化措施，客观上阻碍了数据全球流动，影响全球数字贸易开展。其次，各国在数字经济政策领域的冲突愈发明显，法国与美国就开征"数字税"争议不断，欧盟不断加大对微软、谷歌等数字经济平台企业的垄断处罚。最后，虚拟货币、区块链等新兴的数字经济对货币主权、反洗钱、网络经济犯罪等带来的挑战也在不断增大。

总而言之，网络安全改变了国家的网络空间行为模式，冲击了国际体系，现有的国际政治、安全、经济体系面临的结构性风险也越来越大。为此，需要国际社会真正重视网络空间治理，构建全球网络空间规则体系。

责任编辑:刘敬文
封面设计:汪 莹

图书在版编目(CIP)数据

理解"百年未有之大变局"/于洪君 主编. —北京:人民出版社,2020.6
　(2021.1 重印)
ISBN 978－7－01－022248－6

Ⅰ.①理… Ⅱ.①于… Ⅲ.①国际关系-研究 Ⅳ.①D81

中国版本图书馆 CIP 数据核字(2020)第 109656 号

理解"百年未有之大变局"
LIJIE BAINIAN WEIYOU ZHI DABIANJU

于洪君 主编

人 民 出 版 社 出版发行
(100706 北京市东城区隆福寺街 99 号)

北京汇林印务有限公司印刷 新华书店经销

2020 年 6 月第 1 版 2021 年 1 月北京第 3 次印刷
开本:710 毫米×1000 毫米 1/16 印张:21
字数:186 千字

ISBN 978－7－01－022248－6 定价:60.00 元

邮购地址 100706 北京市东城区隆福寺街 99 号
人民东方图书销售中心 电话 (010)65250042 65289539